AF502948

# LES PLUS TENDRES

# Souvenirs

# de la Vie Amoureuse

## de

# Casanova

# Les plus tendres

## Souvenirs

## de la Vie Amoureuse

DE

# Casanova

EDITIONS NILSSON
8, RUE HALÉVY, 8
PARIS

# Les plus tendres souvenirs
## de la
# Vie Amoureuse de Casanova

## I

### La Cavacchie

La veille de l'Ascension, M. Manzoni me présenta à une jeune courtisane qui faisait alors grand bruit dans Venise, et qu'on appelait Cavacchie, parce que son père avait été dégraisseur. Ce nom l'humiliant, elle voulait qu'on la nommât Preati, qui était son nom de famille, mais en vain : ses amis se contentaient de l'appeler par son nom de baptême, Juliette. Cette jeune personne avait été mise en réputation par le marquis de Sanvitali, seigneur parmesan, qui lui avait donné cent mille ducats pour prix de ses faveurs. On ne parlait à Venise que de la beauté de cette fille, et il était du bon ton de la voir. On se croyait heureux de l'avantage de lui parler, et surtout d'être admis à sa coterie. Comme il m'arrivera d'avoir plusieurs fois à parler d'elle dans le cours de cette histoire, le lecteur ne sera point fâché, je pense, de connaître un peu son histoire.

Un jour Juliette, n'ayant encore que quatorze ans, fut envoyée par son père porter un habit dégraissé à un riche vénitien, nommé Marco Muazz. Ce noble l'ayant trouvée belle malgré ses guenilles, alla la voir chez son père, avec un célèbre avocat nommé Bastien Uccelli, lequel, plus étonné de l'esprit romanesque et folâtre de Juliette qu'épris de sa beauté et de sa belle taille, la mit en chambre, lui donna un maître de musique, et en fit sa maîtresse. Dans le temps de la foire, Bastien l'ayant conduite dans les lieux publics, elle y attira tous les regards, et captiva les suffrages de tous les amateurs. Elle fit d'assez rapides progrès en musique, et au bout de six mois elle se crut assez forte pour s'engager à un entrepreneur de théâtre qui la conduisit à Vienne, pour lui faire jouer un rôle de castrato dans un opéra de Métastase.

L'avocat crut alors devoir la quitter ; il la céda à un riche juif qui, après lui avoir donné de beaux diamants, la laissa à son tour.

Arrivée à Vienne, Juliette parut sur la scène, et sa beauté lui attira des suffrages que ses talents, au-dessous du médiocre, ne lui auraient jamais valu. Mais la foule d'adorateurs qui allait sacrifier à l'idole, et qui se renouvelait chaque semaine, ayant trop ébruité ses exploits, l'auguste Marie-Thérèse crut devoir ne point tolérer ce nouveau culte dans sa capitale, et fit signifier à la belle actrice de quitter Vienne sans délai.

Le comte Spada s'empara d'elle et la reconduisit à Venise, d'où elle se rendit à Parme pour y chanter. Ce fut là qu'elle enflamma le comte de Sanvitali ; mais la comtesse l'ayant une fois trouvée dans sa loge, et Juliette ayant tenu quelques propos inconvenants, cette dame lui donna un bon soufflet, ce qui la fit renoncer au théâtre. Elle revint alors à Venise, où, riche du titre de chassée de Vienne, elle ne pouvait manquer de faire fortune. Ce titre, pour ces sortes de femmes, était devenu une espèce de mode ; car, lorsqu'on voulait déprécier une chanteuse ou une danseuse, on disait qu'on ne l'avait point assez estimée pour la chasser de Vienne.

Steffano Querini de Papozzes fut d'abord son amant en titre ; mais au printemps de 1740, le marquis de Sanvitali s'étant mis de nouveau sur les rangs, il l'emporta sur le premier. Aussi le moyen de résister à ce marquis ! Il commença par faire présent à sa belle de cent mille ducats courants, et, pour éviter d'être taxé de faiblesse et de prodigalité, il dit que cette somme était à peine suffisante pour venger Juliette du soufflet qu'elle avait reçu de sa femme ; affront qu'au reste l'offensée n'a jamais voulu avouer, car elle sentait que cet aveu l'aurait humiliée ; et elle a toujours préféré rendre hommage à la générosité de son amant. Elle avait raison : un soufflet avoué aurait déversé quelque flétrissure sur ses charmes, et elle trouvait beaucoup mieux son compte à les laisser estimer à leur valeur intrinsèque.

Ce fut en 1741 que M. Manzoni me présenta à cette nouvelle Phryné, comme un jeune abbé qui commençait à se faire un nom. Je la trouvai au milieu de sept ou huit courtisans aguerris qui lui prodiguaient leur encens. Elle était négligemment assise sur un sofa auprès de Querini. Sa personne me surprit. Elle me dit en me regardant des pieds à la tête, comme si j'avais été à vendre, et avec un ton de princesse, qu'elle n'était pas fâchée de faire ma connaissance ; ensuite elle m'invita à m'asseoir.

Prenant alors ma revanche, je me mis à l'examiner soigneusement et tout à mon aise ; et c'est ce que je pouvais d'autant mieux que, quoique le salon fût petit, il était éclairé au moins par vingt bougies.

Juliette avait dix-huit ans : sa blancheur était éblouissante, mais l'incarnat de ses joues, le vermeil de ses lèvres, le noir et la ligne courbe et très étroite de ses sourcils me parurent plus l'ouvrage de l'art que celui de la nature. Ses dents, qui paraissaient être deux rangs de perles, empêchaient qu'on ne lui trouvât la bouche trop fendue ; et, soit nature, soit habitude, elle avait toujours l'air de sourire. Sa gorge couverte d'une gaze légère semblait inviter les amours : je résistai à ses charmes. Ses bracelets et les bagues dont ses doigts étaient surchargés ne m'empêchèrent pas de trouver sa main trop large et trop charnue ; et en dépit du soin qu'elle prenait de cacher ses pieds, une pantoufle délatrice qui gisait au bas de la robe me suffit pour juger qu'ils étaient proportionnés à la grandeur de sa taille : proportion désagréable qui déplait non seulement aux Chinois et aux Espagnols, mais encore à tous les hommes d'un goût délicat. On veut qu'une femme grande ait un petit pied, et ce goût n'est point nouveau, car il était celui du sieur Holopherne, qui, sans cela, n'aurait pas trouvé charmante la dame Judith : *et sandalia ejus rapuerunt oculos ejus.* En somme, je la trouvai belle ; mais dans mon examen réfléchi, comparant sa beauté aux cent mille ducats dont elle avait été le prix, je m'étonnais de me trouver froid et de n'être nullement tenté de donner un seul sequin pour parcourir des charmes que ses habits cachaient à mes regards.

J'y étais à peine depuis un quart d'heure, que le bruit de l'onde, frappée par les rames d'une gondole, annonça le prodigue marquis. Nous nous levâmes, et M. Querini se hâta de quitter sa place, non sans rougir un peu. M. de Sanvitali, plutôt vieux que jeune, et ayant voyagé, prit place auprès d'elle, mais non sur le sofa, ce qui obligea la belle à se tourner. Ce fut alors que je pus bien l'examiner en face, ce qu'auparavant je n'avais guère pu que de profil.

Depuis mon introduction, ayant fait quatre ou cinq visites à Juliette, je me crus assez pénétré de son mérite pour dire à l'assemblée de M. de Malipiero, un soir qu'on m'interrogeait là-dessus, qu'elle ne pouvait plaire qu'à des gourmands dont les goûts étaient émoussés ; car elle n'avait ni les beautés de la simple nature, ni l'esprit de la société, ni un talent marqué, ni des manières aisées : choses que les hommes comme il faut aiment à trouver dans une femme. Ma décision plut à toute la société, mais M. de Malipiero me dit obligeamment à l'oreille que Juliette serait certainement informée du portrait que je venais d'en faire, et qu'elle deviendrait mon ennemie. Il devina juste.

Je trouvais cette fille singulière, en ce qu'elle ne m'adressait que rarement la parole, et que, chaque fois qu'elle me regardait, elle se servait d'une lorgnette, ou bien elle rétrécissait ses paupières, comme si elle eût voulu me priver de l'honneur de voir entièrement ses yeux, dont la beauté était incontestable. Ils étaient bleus, merveilleusement fendus, à fleur de tête, et enluminés d'un iris inconcevable, que la nature ne donne quelquefois qu'à la jeunesse, et qui disparaît d'ordinaire vers les quarante ans, après avoir fait des miracles. Le grand Frédéric l'a conservé jusqu'à sa mort.

Juliette fut informée du portrait que j'avais fait

d'elle chez M. de Malipiero, par l'indiscret rationnaire Xavier Cortantini. Un soir, me trouvant chez elle avec M. Manzoni, elle lui dit qu'un grand connaisseur lui avait trouvé des défauts, qui la déclaraient maussade; mais elle se garda bien de les spécifier. Je n'eus pas de peine à comprendre qu'elle tirait sur moi à ricochets, et je me tins prêt à l'ostracisme, qu'elle me fit cependant attendre une bonne heure. La conversation était enfin tombée sur un concert que l'acteur Imer avait donné, et où Thérèse, sa fille, avait brillé, elle m'adressa directement la parole, en me demandant ce que M. de Malipiero faisait d'elle. Je lui dis qu'il lui donnait de l'éducation. Il en est capable, me répondit-elle, car il a beaucoup d'esprit; mais je voudrais savoir ce qu'il fait de vous?

— Tout ce qu'il peut.

— On m'a dit qu'il vous trouve un peu bête.

Les rieurs, comme de raison, furent pour elle; et moi, un peu confus et ne sachant que répondre, après un quart d'heure de triste figure, je pris congé, bien décidé à ne plus remettre les pieds chez elle.

## II

## Juliette

Nous étions vers la fin du carnaval, lorsqu'un jour
M. Manzoni me dit que la célèbre Juliette désirait
me parler, et qu'elle avait été très-fâchée de ne plus
me voir. Curieux de savoir ce qu'elle avait à me dire,
je me rendis chez elle avec lui. Après m'avoir fait
une réception assez polie, elle me dit qu'elle savait
que j'avais chez moi une belle salle, et qu'elle désirait que je lui donnasse un bal dont elle ferait tous
les frais. J'y consentis. Elle me remit vingt-quatre
sequins, et envoya chez moi ses gens pour garnir ma
salle et mes chambres de lustres, n'ayant, pour ma
part, à m'occuper que de l'orchestre et du souper.

Mon bal eut lieu, et tout y alla bien. Les convives
étaient tous de la coterie de Juliette, à l'exception de
M<sup>me</sup> Orio, de ses nièces et du procureur Rosa, qui se
trouvaient dans la chambre à côté et qu'on m'avait
permis d'amener comme personnes sans conséquence.

Après le souper, et tandis qu'on dansait des
menuets, la belle me prit à part et me dit : Menez-
moi dans votre chambre ; il m'est venu une idée
plaisante : nous rirons.

Ma chambre était au troisième : je l'y menai. Dès
que nous y fûmes, je lui vis fermer le verrou : je ne

savais que penser. Je veux, me dit-elle, que vous m'habilliez complètement en abbé avec un de vos habits, et je vous habillerai en femme avec ma robe. Nous descendrons ainsi déguisés et nous danserons ensemble. Vite, mon cher ami, commençons par nous coiffer.

Sûr d'une bonne fortune, et charmé de la rareté de l'aventure, je lui arrange vite ses longs cheveux en rond, et je me laisse coiffer à mon tour. Elle me met du rouge, des mouches ; je me prête à tout, et, lui en montrant mon contentement, elle m'accorde un doux baiser de très-bonne grâce, à condition que je n'en demanderais pas davantage. Tout, lui dis-je, ne peut dépendre que de vous, belle Juliette ; mais je vous préviens que je vous adore.

Je mets sur mon lit une chemise, un petit collet, des caleçons, des bas noirs, enfin un habit complet. Elle s'en approche, et, en laissant tomber sa jupe, elle passe adroitement les caleçons, qu'elle trouve bien ; mais quand elle en fut à la culotte, il y eut obstacle : la ceinture est trop étroite, et le seul remède est de découdre par derrière ou de couper s'il le faut. Je me charge de tout : et m'asseyant sur le pied du lit, elle se met devant moi en me tournant le dos. Je travaille ; mais il lui semble que je veux trop voir, que je m'y prends mal, et que je touche où il n'est pas nécessaire : elle s'impatiente, me laisse, déchire, et s'arrange comme elle peut. Je l'aide ensuite à se chausser, et je lui passe la chemise ; mais en arrangeant le jabot et le petit collet, elle trouve mes mains trop curieuses, car sa poitrine n'était pas bien fournie. Elle me dit mille injures, m'appelle malhonnête : je la laisse dire. Je tenais à ne pas lui paraître dupe ; et d'ailleurs je pensais qu'une femme qu'on avait payée cent mille ducats valait bien la peine d'être observée. Enfin, sa toilette achevée, voilà mon tour. J'ôte vite ma culotte, malgré son opposition, et elle doit me mettre une chemise, puis une jupe, et m'habiller enfin. Mais tout à coup, devenue coquette, elle se fâche de ce que je ne cache point l'effet très-apparent de ses charmes ; elle se refuse à m'accorder la faveur qui dans un instant m'aurait rendu le calme. Je veux lui donner un baiser, elle s'y refuse ; elle s'impatiente, et, malgré elle, je la rendis témoin du terme de mon irritation. A cette vue elle me dit des injures ; je lui démontre son tort ; mais tout est inutile. Quoique fâchée, elle fut pourtant obligée de finir ma toilette.

Il est évident qu'une honnête femme qui se serait exposée à une semblable aventure aurait eu de tendres intentions, et qu'elle ne se serait point démentie au moment où elle les aurait vues partagées : mais les femmes de l'espèce de Juliette sont dominées par un esprit de contradiction qui les rend ennemies d'elles-mêmes. Au reste, Juliette se trouva attrapée quand elle vit que je n'étais pas timide, et ma facilité lui parut un manque de respect. Elle aurait bien voulu que je lui dérobasse quelques faveurs légères qu'elle m'aurait accordées sans conséquence ; mais j'aurais trop flatté son amour-propre.

Notre déguisement étant achevé, nous descendîmes ensemble dans la salle, où des applaudissements réitérés nous mirent bientôt en bonne humeur. Tout le monde me supposait une bonne fortune que je n'avais pas eue ; mais j'étais bien aise de le laisser croire ; et je me mis à danser avec mon faux abbé, que j'étais fort fâché de trouver charmant. Juliette me traita si bien toute la nuit que, prenant ses nouvelles manières pour une sorte de repentir, je fus au moment de m'en vouloir de mes procédés envers elle : ce fut un mouvement de faiblesse dont je fus puni.

Après la contredanse, tous les cavaliers s'étant crus en droit de prendre des libertés avec le feint abbé, je m'émancipai à mon tour avec les jeunes filles, qui auraient craint de se rendre ridicules si elles s'étaient opposées à mes caresses.

M. Querini fut assez sot pour venir me demander si j'avais gardé ma culotte ; et comme je lui répondis que j'avais été obligé de la donner à Juliette, il alla tristement s'asseoir dans un coin de la salle, et ne voulut plus danser.

Bientôt, toute la compagnie ayant remarqué que j'avais une chemise de femme, personne ne douta plus que le sacrifice n'eût été consommé, Marton et Nanette exceptées, qui n'imaginèrent point que je pusse leur faire une infidélité. Juliette s'aperçut qu'elle avait fait une grande étourderie ; mais le mal était fait, il n'y avait plus de remède.

Quelque temps après, étant retournés dans ma chambre et la croyant repentie, me sentant d'ailleurs quelques velléités pour elle, je crus pouvoir l'embrasser et lui prendre la main pour lui prouver que j'étais prêt à lui donner satisfaction ; mais au même instant elle me donna un si violent soufflet que, dans mon indignation, peu s'en fallut que je ne le lui rendisse. Je me déshabille à la hâte sans la regarder ; elle en fait autant, et nous redescendons ; mais, malgré l'eau fraîche dont j'avais fait de copieuses ablutions, chacun put voir sur ma figure la marque de la grosse main qui s'y était reposée.

Avant de s'en aller, me prenant à part, elle me dit

du ton le plus ferme et le plus décidé que si j'avais envie de me faire jeter par la fenêtre je n'avais qu'à paraître chez elle, et qu'elle me ferait assassiner si ce qui était arrivé devenait public. Je me gardai bien de lui fournir les motifs de faire l'un ou l'autre : mais je ne pus empêcher qu'on sût que nous avions troqué nos chemises. Personne ne m'ayant vu chez elle, tout le monde crut qu'elle avait été obligée de donner cette satisfaction à M. Querini.

# III

## L'esclave grecque

La tartane aborda au port de Pola, qu'on appelle Veruda, et nous débarquâmes. Après avoir monté pendant un quart d'heure, nous entrâmes dans la ville, où je consacrai un couple d'heures à visiter les antiquités romaines qui s'y trouvent ; car cette ville a été la capitale de l'empire. Je n'y trouvai pourtant d'autre vestige de grandeur qu'une arêne ruinée. Nous retournâmes à Véruda, et nous remîmes à la voile. Le lendemain, nous nous trouvâmes devant Ancône ; mais obligés de louvoyer, nous n'y entrâmes que le surlendemain. Ce port, quoiqu'il passe pour un grand monument de Trajan, serait fort mauvais sans une digue faite à grands frais et qui le rend assez bon. J'observai une chose digne de remarque : c'est que, dans l'Adriatique, le côté du nord est rempli de ports, tandis que le côté opposé n'en a qu'un ou deux. Il est évident que la mer se retire vers le levant, et que dans trois ou quatre siècles Venise sera jointe à la terre ferme.

Nous descendîmes à Ancône au vieux lazaret, où on nous annonça que nous subirions une quarantaine de vingt-huit jours, parce que Venise avait admis, après une quarantaine de trois mois l'équipage de deux vaisseaux de Messine, où récemment la peste avait exercé ses ravages. Je demandai une chambre pour moi et pour le frère Stephano, qui m'en sut un gré infini. Je louai à des juifs un lit, une table et quelques chaises, m'obligeant à payer le loyer du tout à l'expiration de la quarantaine. Le moine ne voulut que de la paille. Je pense que s'il avait pu deviner que, sans lui, je serais peut-être mort de faim, il ne se serait pas tant glorifié d'être logé avec moi. Un matelot, qui espérait me trouver généreux, vint me demander où était ma malle ; et lui ayant répondu que je n'en savais rien, il se donna beaucoup de peine pour la trouver avec maître Alban, qui me donna envie de rire quand il vint me demander excuse de l'avoir oubliée, me promettant qu'il aurait soin de me la faire parvenir en moins de trois semaines.

Le récollet, qui devait en passer quatre avec moi, s'attendait à vivre à mes dépens, tandis que c'était lui que la Providence m'avait envoyé pour m'entretenir. Il avait des provisions avec lesquelles il aurait pu nous nourrir huit jours ; mais il fallait penser plus loin.

Après souper donc, je lui fis en style pathétique le tableau de ma situation et du besoin que j'aurais de tout jusqu'à Rome, où je devais être, lui dis-je, secrétaire des commandements des mémoriaux ; et qu'on juge de ma surprise quand je vis ce lourdaud s'épanouir au triste récit de mes infortunes.

— Je me charge de vous jusqu'à Rome ; dites-moi seulement si vous savez écrire.

— Vous moquez-vous de moi ?

— Quelle merveille ! moi que vous voyez, je ne sais

écrire que mon nom. Il est vrai que je sais l'écrire des deux mains ; mais à quoi me servirait d'en savoir davantage ?

— Je m'étonne, car je vous croyais prêtre.

— Je ne suis pas prêtre, je suis moine ; je dis la messe, et par conséquent je dois savoir lire. Saint François, dont je suis un indigne fils, ne savait pas lire, et ce fut pour cela qu'il n'a jamais dit la messe. Bref, puisque vous savez écrire, vous écrirez demain en mon nom à toutes les personnes que je vous nommerai, et je vous réponds qu'on nous enverra de quoi faire bombance jusqu'à la fin de la quarantaine.

Le lendemain, il me fit passer la journée à écrire huit lettres ; parce qu'il y avait dans la tradition orale de son ordre que, lorsqu'un moine aura frappé à sept portes où on lui aura refusé l'aumône, il doit frapper à la huitième avec assurance, car là elle ne lui manquera pas. Comme il avait déjà fait le voyage de Rome, il connaissait toutes les bonnes maisons d'Ancône dévotes à saint François et tous les supérieurs de couvents riches. Je dus écrire à tous ceux qu'il me nomma, et n'omettre aucun des mensonges qu'il me dictait. Il m'obligea aussi à signer pour lui, m'alléguant que, s'il signait lui-même, on verrait facilement qu'il n'avait pas écrit les lettres : ce qui lui ferait du tort ; car, dit-il, dans ce siècle corrompu, on n'estime que les savants. Il me fit farcir les lettres de passages latins, même celles qui étaient adressées à des femmes, et mes remontrances furent inutiles ; car, quand je résistais, il me menaçait de ne plus me donner à manger. Je pris le parti de faire tout ce qu'il voulut. Il me fit dire au supérieur des jésuites qu'il ne s'adressait pas aux capucins, parce qu'ils étaient athées ; et que c'est pourquoi saint François n'avait jamais pu les souffrir. J'eus beau lui dire qu'au temps où vivait ce saint il n'y avait ni capucins ni récollets, il me traita d'ignorant. Je crus qu'on le traiterait de fou et que personne n'enverrait rien ; mais j'étais dans l'erreur, car les provisions arrivèrent en si grande abondance que j'en fus tout surpris. On nous envoya de trois ou quatre côtés du vin pour toute la quarantaine, et d'autant plus que je ne buvais que de l'eau : tant il me tardait de recouvrer la santé ; et quant au manger, nous en recevions journellement plus qu'il n'en aurait fallu pour six personnes : nous donnions le reste à notre gardien, qui avait une nombreuse famille. De tout cela il ne se sentait reconnaissant qu'à saint François, et nullement aux bonnes âmes qui lui faisaient l'aumône.

Il se chargea de faire blanchir mon linge par le gardien, car je n'aurais pas osé le donner moi-même ; quant à lui, il disait qu'il ne risquait rien puisque tout le monde savait que les récollets ne s'en servaient point.

Je restai au lit presque toute la journée, et cela me dispensa de me faire voir à ceux qui crurent devoir lui rendre visite. Ceux qui ne vinrent pas lui écrivirent des lettres pleines de disparates adroitement tournées, et que je me donnai bien de garde de lui faire sentir. J'eus, du reste, toutes les peines du monde à lui persuader que ces lettres ne demandaient point de réponse.

Quinze jours de repos et d'un régime sévère me mirent sur la voie d'un parfait rétablissement, et j'allais du matin au soir me promener dans la cour du lazaret ; mais un marchand turc étant arrivé de Thessalonique et étant venu loger avec tout son monde au rez-de-chaussée, je dus suspendre mes promenades. Alors le seul plaisir qui me resta fut de passer mes heures sur un balcon donnant sur cette même cour. J'y vis une esclave grecque d'une beauté surprenante, et qui m'intéressa beaucoup. Elle passait presque toute la journée assise sur le seuil de la porte, occupée à tricoter ou à lire. Lorsqu'elle levait ses beaux yeux et qu'elle rencontrait les miens, elle baissait modestement la tête ; et quelquefois même elle se levait et rentrait à pas lents, ayant l'air de vouloir me dire : Je ne savais pas que je fusse observée. Sa taille était svelte et grande, sa figure annonçait la première jeunesse ; elle avait la peau très blanche et les cheveux et les yeux d'un beau noir. Elle était costumée à la grecque, ce qui donnait à tout son être quelque chose d'extrêmement voluptueux.

Oisif dans un lazaret, et tel que la nature et l'habitude m'avaient fait, pouvais-je contempler un objet aussi séduisant pendant une grande partie de la journée sans en devenir fou ? Je l'avais entendu parler en langue franque avec son maître, beau vieillard qui s'ennuyait comme elle, et qui ne sortait parfois avec sa pipe à la bouche que pour rentrer l'instant d'après. J'aurais volontiers dit quelques mots à cette charmante fille, si je n'avais eu peur de la faire partir et de ne plus la revoir ; mais, dans cette crainte, et ne pouvant plus me contenir, je pris le parti de lui écrire, n'étant pas embarrassé du moyen de lui faire parvenir ma lettre, puisque je n'avais qu'à la laisser tomber du haut du balcon ; mais n'étant pas sûr qu'elle la ramassât, voici comment je m'y pris pour ne point risquer de faire une fausse démarche.

Saisissant un instant où elle se trouvait seule, je laissai tomber à ses pieds un petit papier plié en forme de lettre ; mais j'eus soin de n'y rien écrire, tenant en même temps une véritable lettre à la main. Dès que je la vis s'incliner pour ramasser la première, je laissai vite tomber la seconde, qu'elle ramassa également, les mettant l'une et l'autre dans sa poche. Un instant après elle disparut. Ma lettre était à peu près conçue en ces termes : « Ange de l'Orient, je t'adore. Je passerai toute la nuit sur ce balcon, désirant que tu y viennes un seul quart d'heure entendre ma voix par le trou qui est sous mes pieds. Nous parlerons à voix basse, et, pour me comprendre, tu pourras monter sur la balle qui est sous le même trou. »

Je priai mon gardien de ne pas m'enfermer comme il le faisait toutes les nuits, et il y consentit, à condition qu'il me surveillerait ; car si je m'avisais de sauter dans la cour, il irait de sa tête ; mais il me promit de ne pas venir sur le balcon.

A minuit, au moment où je commençais à désespérer, je la vois paraître. M'étendant alors de tout mon long, la tête contre le trou du plancher, qui était un carré raboteux de six pouces, je la vis monter sur la balle, et sa tête se trouva à un pied de distance du balcon. Elle était obligée de s'appuyer d'une main contre le mur parce que sa position la faisait chanceler ; et, dans cet état, nous parlâmes de nous, d'amours, de désirs, d'obstacles, d'impossibilités et de ruses. Je lui dis ce qui m'empêchait de sauter dans la cour, et elle m'observa que, quand bien même je ne serais pas retenu par cette raison, nous nous perdrions, vu l'impossibilité de remonter : qu'en outre, Dieu savait ce que le Turc aurait fait d'elle s'il nous avait surpris ensemble. Alors, me promettant de venir me parler ainsi toutes les nuits, elle mit sa main dans le trou. Hélas! je ne pouvais me rassasier de la baiser, car il me semblait que de ma vie je n'avais touché une main aussi douce et aussi délicate. Mais quel plaisir quand elle me demanda la mienne! Je passai vite mon bras droit au travers du trou, de façon qu'elle colla ses lèvres sur le pli du coude. Que de doux larcins ma main se permit alors! Mais il fallut nous séparer, et je vis avec plaisir, en rentrant, que le gardien dormait d'un profond sommeil dans un coin de la salle.

Content d'avoir obtenu tout ce que, dans cette position gênante, je pouvais me promettre, je me creusais le cerveau pour trouver le moyen de me procurer plus de délices la nuit suivante, quand je vis que le génie féminin de ma belle Grecque était plus fécond que le mien.

Se trouvant dans la cour avec son maître, elle lui dit en turc quelque chose qu'il approuva, et bientôt un domestique turc, aidé du gardien, vint placer sous le balcon un gros panier de marchandises. Elle présidait à cet arrangement; et, comme pour faire plus de place au panier, elle fit placer une balle de coton en croix sur les deux autres. Pénétrant son dessein, je tressaillis de joie, car elle se procurait le moyen de s'élever de deux pieds plus haut; mais je réfléchis qu'elle se trouverait dans la position la plus gênante, et que, forcée de se courber, elle n'y résisterait pas. Le trou n'était pas assez grand pour qu'elle pût y passer la tête et se mettre à son aise en se tenant debout; et pourtant il fallait trouver un moyen de parer à cet inconvénient. Je ne vois que celui d'arracher la planche : mais cette opération n'était pas facile. Je m'y décide pourtant à tout événement, et je vais dans la chambre me munir d'une grosse tenaille. Le gardien n'était pas présent. Profitant de son absence, je parviens à arracher avec précautions les quatre gros clous qui assujettissaient la planche. Me voyant maître de la soulever à volonté, ayant remis la tenaille à sa place, j'attends la nuit avec une amoureuse impatience.

L'objet de mes désirs vint exactement à minuit. Voyant la peine qu'elle avait pour pouvoir grimper et se fixer sur la nouvelle balle, je déplace la planche et, étendant mon bras tant que je pus, je lui offris un point d'appui solide. Elle se redresse, et se trouve agréablement surprise de pouvoir passer sa tête et ses bras dans le trou. Nous ne perdîmes pas de longs instants en compliments ; nous nous félicitâmes seulement d'avoir travaillé de concert à l'obtention du même but.

Si la nuit précédente je m'étais trouvé plus maître d'elle qu'elle ne l'était de moi, cette fois c'était le contraire. Sa main dévorait tout mon être ; mais moi j'étais arrêté au milieu de ma course. Elle maudissait celui qui avait fait la balle de ne pas l'avoir faite d'un demi-pied plus grosse, pour pouvoir se rapprocher davantage de moi. Cela eût été, que nous n'aurions pas été contents ; mais elle aurait été plus satisfaite.

Nos plaisirs, quoique stériles, nous occupèrent jusqu'à l'aube du jour. Je remis avec soin la planche, et j'allai me coucher avec un extrême besoin de refaire mes forces. Avant de me quitter, ma charmante Grecque me prévint que leur petit beiram commençait ce jour-là, qu'il durerait trois jours, et que nous ne pourrions nous voir que le quatrième.

La première nuit après le beiram, n'ayant point manqué de venir, elle me dit qu'elle ne pouvait être heureuse sans moi ; qu'étant chrétienne je pouvais l'acheter après ma sortie du lazaret. Cette déclaration me força à lui avouer que je n'en avais pas les moyens, ce qui lui fit pousser un profond soupir. La nuit suivante, elle me dit que son maître la vendrait pour deux mille piastres ; qu'elle me les donnerait ; qu'elle était vierge, et que je serais content d'elle. Elle ajouta qu'elle me donnerait une boîte remplie de diamants, dont un seul valait deux mille piastres, et qu'en vendant les autres nous pourrions vivre à notre aise sans jamais craindre la pauvreté. Elle m'assura que le Turc ne s'apercevrait point de la disparition de la boîte, et que d'ailleurs il en soupçonnerait tout le monde plutôt qu'elle.

J'étais amoureux de cette femme : sa proposition m'inquiéta ; mais le lendemain, à mon réveil, je ne balançai pas. Elle vint à l'heure ordinaire avec la boîte ; mais lui ayant dit que je ne pouvais me résoudre à être complice d'un vol, elle soupira, me dit que je ne l'aimais pas comme elle m'aimait, mais qu'elle voyait bien que j'étais bon chrétien.

C'était la dernière nuit. Nous nous voyions probablement pour la dernière fois. Le feu qui circulait dans nos veines nous consumait. Elle me proposa de la hisser sur le balcon. Quel est l'amant qui aurait osé reculer à une proposition si attrayante ? Je me lève, et sans être un nouveau Milon, la prenant sous les bras, je l'attire à moi, et bientôt je vais la posséder. Tout à coup je me sens saisir par les épaules ; c'est le gardien qui me crie : Que faites-vous ? Je laisse échapper le précieux fardeau, qui regagne sa chambre ; et moi, poussant un cri de rage, je me jette à plat ventre sur le plancher, ne faisant aucun mouvement malgré les secousses du gardien, que j'étais tenté d'anéantir. Je me relevai enfin, et j'allai me coucher sans lui dire un mot, sans même remettre la planche.

Le prieur vint le matin nous déclarer libres. En partant le cœur navré, j'aperçus la Grecque les yeux baignés de larmes.

# IV

## Lucrezia

Me voilà donc à Rome, bien nippé, passablement fourni d'espèces, monté en bijoux, pourvu de quelque expérience, avec de bonnes lettres de recommandation, parfaitement libre et dans un âge où l'homme peut compter sur sa fortune, s'il a un peu de courage et une figure qui prévienne en sa faveur les personnes qu'il approche. J'avais, non point de la beauté, mais quelque chose qui vaut mieux, un certain je ne sais quoi qui force à la bienveillance, et je me sentais fait pour tout. Je savais que Rome était la ville unique où l'homme, partant de rien, pouvait parvenir à tout. Cette idée relevait mon courage ; et je dois avouer qu'un amour-propre effréné, dont l'inexpérience m'empêchait de me défier, augmentait singulièrement ma confiance.

L'homme appelé à faire fortune dans cette antique capitale du monde doit être un caméléon susceptible de réfléchir toutes les couleurs de l'atmosphère qui l'environne, un Protée apte à revêtir toutes les formes. Il doit être souple, insinuant, dissimulé, impénétrable, souvent bas, perfidement sincère, faisant toujours semblant de savoir moins qu'il ne sait, n'ayant qu'un seul ton de voix, patient, maître de sa physionomie, froid comme la glace lorsqu'un autre, à sa place, serait tout de feu ; et, s'il a le malheur de n'avoir pas la religion dans le cœur, chose habituelle dans cet état de l'âme, il doit l'avoir dans l'esprit ; souffrant en paix, s'il est honnête homme, la mortification de se voir contraint de se reconnaître hypocrite. S'il abhorre cette conduite, il doit quitter Rome et aller chercher fortune ailleurs. De toutes ces qualités, je ne sais si je me vante ou si je me confesse, je ne possédais que la seule complaisance ; car, du reste, je n'étais qu'un intéressant étourdi, un assez bon cheval de race, point dressé, ou plutôt mal, ce qui est pis.

Je commençai d'abord par porter au père Georgi la lettre de don Lelio. Ce savant moine possédait l'estime de toute la ville, et le pape même avait pour lui une grande considération, parce qu'il n'aimait pas les jésuites et qu'il ne se masquait pas pour les démasquer, quoique les jésuites se crussent assez forts pour pouvoir le mépriser.

Après avoir lu la lettre avec beaucoup d'attention, il me dit qu'il était prêt à être mon conseil, et que, par conséquent, il ne tiendrait qu'à moi de le rendre responsable que rien de sinistre ne m'arriverait, puisque avec une bonne conduite l'homme n'a point de malheur à craindre : et, m'ayant ensuite demandé ce que je voulais faire à Rome, je lui répondis que ce serait lui qui me le dirait.

— Cela peut être ; mais pour cela, ajouta-t-il, venez me voir souvent et ne me cachez rien, absolument rien de tout ce qui vous regarde, ni de tout ce qui vous arrivera.

— Don Lelio, lui dis-je alors, m'a aussi donné une lettre pour le cardinal Acquaviva.

— Je vous en fais mon compliment, car c'est un homme qui, à Rome, peut plus que le pape.

— Dois-je la lui aller porter de suite ?

— Non ; je le verrai ce soir et je le préviendrai. Venez me voir demain matin, je vous dirai où et à quelle heure vous devrez la lui remettre. Avez-vous de l'argent ?

Assez pour pouvoir me suffire au moins un an.

— Voilà qui est excellent. Avez-vous des connaissances ?

Aucune.

— N'en faites pas sans me consulter, et surtout n'allez pas aux cafés, aux tables d'hôte ; et, si vous voulez y aller, écoutez et ne parlez pas. Jugez les interrogateurs, et, si la politesse vous oblige à répondre, éludez la question, si elle peut tirer à conséquence. Parlez-vous français ?

— Pas le mot.

— Tant pis ; il faut l'apprendre. Avez-vous fait vos études ?

— Mal, mais je suis *infarinato* au point que je me soutiens en cercle.

— C'est bon ; mais soyez circonspect, car Rome est la ville des *infarinati* qui se démasquent entre eux, et qui se font constamment la guerre. J'espère que vous porterez la lettre au cardinal, vêtu en modeste abbé, et non dans cet habit élégant qui n'est pas fait pour conjurer la fortune. Adieu donc, à demain.

Très content de l'accueil de ce moine et de la manière dont il m'avait parlé, je sortis et me dirigeai sur Capo-di-Fiore pour porter la lettre de mon cousin don Antonio à don Gaspar Vivaldi. Ce brave homme me reçut dans sa bibliothèque, où il se trouvait avec deux abbés respectables. Après l'accueil le plus gracieux, il me demanda mon adresse et m'invita à dîner pour le lendemain. Il me fit le plus grand éloge du père Georgi, et, m'accompagnant jusqu'à l'escalier, il me dit qu'il me remettrait le lendemain la somme que don Antonio le chargeait de me compter.

Voilà encore de l'argent que mon généreux cousin me donnait ! Il n'est pas difficile de donner, quand on en a les moyens ; mais savoir donner est un art que tout le monde ne possède pas. Je trouvai le procédé de don Antonio moins généreux encore que délicat : je ne pouvais point refuser, et je ne le devais pas.

Comme je me retirais, voilà Stephano que je rencontre nez à nez, et ce singulier original, toujours le même, me fit cent caresses. Cet être qu'au fond je méprisais, je ne pouvais le haïr, car je me sentais forcé de le considérer comme l'instrument dont la Providence avait bien voulu se servir pour m'empêcher de tomber dans le précipice.

Après m'avoir conté qu'il avait obtenu du pape tout ce qu'il désirait, il me dit que je devais éviter la rencontre du fatal sbire qui m'avait prêté les deux sequins ; car, comme il savait que je l'avais trompé, il voulait se venger. Je lui dis de faire en sorte qu'il remit mon billet chez un marchand de sa connaissance, et que j'irais le retirer. La chose se fit ainsi, et tout fut terminé.

Je me rendis sans perdre de temps chez M. Gaspar, où je dînai en compagnie choisie. Il n'était point marié et n'avait d'autre passion que la littérature. Il aimait la poésie latine plus encore que l'italienne, et Horace, que je savais par cœur, était son auteur favori. Après le dîner, nous passâmes dans son cabinet, où il me remit cent écus romains de la part de don Antonio, et m'assura que je lui ferais un vrai plaisir toutes fois que je voudrais aller prendre le chocolat dans sa bibliothèque.

Dès que j'eus quitté don Gaspar, je me dirigeai vers la Minerve, car il me tardait de voir la suprise de ma Lucrezia et d'Angélique sa sœur : je demandai dona Cecilia Monti, leur mère, et je vis avec étonnement une jeune veuve qui paraissait sœur de ses charmantes filles. Je n'eus pas besoin de me nommer ; j'étais annoncé et elle m'attendait. Ses filles vinrent, et leur abord me causa un agréable moment, car je ne leur paraissais pas le même. Dona Lucrezia me présenta à sa sœur cadette, qui n'avait que onze ans, et à son frère, abbé de quinze ans et tout à fait joli. J'eus soin d'observer un maintient qui plut à la mère : modestie, respect, démonstrations du plus vif intérêt que tout ce que je voyais devait m'inspirer. Le bon avocat arriva, et, surpris de me trouver tout nouveau, il fut flatté que je n'eusse pas oublié le nom de son père. Il entama des propos pour rire, et je les suivis, soigneux de ne point leur donner le vernis de gaieté qui nous faisait tant rire en voiture ; de sorte que, pour me faire compliment, il me dit qu'en me faisant couper la barbe je l'avais donnée à mon esprit. Dona Lucrezia ne savait que penser de mon changement d'humeur.

Sur la brune, je vis arriver successivement cinq ou six dames ni belles ni laides, et autant d'abbés qui me parurent des volumes par lesquels je devais commencer mon étude romaine. Tous ces messieurs écoutèrent attentivement mes moindres propos, et j'eus soin de pouvoir les laisser maîtres de leurs conjectures. Dona Cecilia dit à l'avocat qu'il était bon peintre, mais que ses portraits n'étaient pas ressemblants ; il répondit qu'elle ne voyait le portrait qu'en masque, et je fis semblant d'être mortifié de la réponse. Dona Lucrezia dit qu'elle me trouvait absolument le même, et sa sœur soutint que l'air de Rome donnait aux étrangers une apparence particulière. Tout le monde applaudit, et Angélique rougit de satisfaction. Au bout de quatre heures, je m'évadais, lorsque l'avocat, me suivant, vint me dire que sa belle-mère désirait que je devinsse l'ami de la maison. Je le remerciai affectueusement et me retirai, désirant avoir plu à cette charmante société autant que j'en avais été enchanté.

Le lendemain, je me présentai à l'abbé Gama. C'était un Portugais d'environ quarante ans, d'une jolie figure, qui affichait la candeur, la gaieté et l'esprit. Son affabilité voulait inspirer la confiance. Ses manières et son langage pouvaient le faire passer pour Romain. Il me dit, avec des paroles sucrées, que son Eminence elle-même avait donné dès ordres à mon égard à son maître d'hôtel, que j'aurais mon logement dans le palais même de Monseigneur, que je mangerais à la table de la secrétairie, et qu'en attendant que j'eusse appris le français je m'exercerais, sans me gêner, à faire des extraits de lettres qu'il me donnerait. Il me donna ensuite l'adresse du maître de langue auquel il avait déjà parlé, et qui était un avocat romain nommé Dalacqua, qui demeurait précisément en face du palais d'Espagne.

Après cette courte instruction, et m'ayant assuré que je pouvais compter sur son amitié, il me fit conduire chez le maître d'hôtel, qui me fit signer mon nom au bas d'une feuille d'un grand livre remplie d'autres noms ; après quoi il me compta soixante écus romains pour trois mois d'appointements payés d'avance. Ensuite, suivi d'un staffier, il m'accompagna au troisième à l'appartement qui m'était destiné et qui était fort proprement meublé. En sortant, le domestique me remit la clef en me disant qu'il viendrait tous les matins pour me servir, et le maître d'hôtel m'accompagna jusqu'à la porte pour me faire connaître au portier. De là, m'étant rendu à mon auberge, je fis porter mon petit bagage à l'hôtel d'Espagne, et je me trouvai installé dans une maison où, sans aucun doute, j'aurais fait une brillante fortune, si j'avais pu tenir une conduite trop opposée à mon caractère, *Volentem ducit, nolentem trahit.*

On sent que mon premier mouvement me porta vers mon mentor, le père Georgi, auquel je fis un récit exact. Il me dit que je pouvais me considérer en bon chemin, et qu'étant supérieurement bien installé, ma fortune ne pouvait dépendre que de ma conduite. Songez, me dit cet homme sage, que pour la rendre irréprochable, vous devez vous gêner, et que tout ce qui pourra vous arriver de désagréable ne sera regardé par personne comme un malheur ni attribué à la fatalité ; ces mots sont vides de sens ; on vous en attribuera toute la faute.

— Je prévois avec peine, mon révérend père, que ma jeunesse et mon défaut d'expérience m'obligeront souvent à vous importuner. Je crains de finir par vous être à charge ; mais vous me trouverez docile et obéissant.

— Vous me trouverez souvent trop sévère ; mais je prévois que vous ne me direz pas tout.

— Tout, absolument tout.

— Permettez-moi de rire : vous ne me dites pas où vous avez passé hier quatre heures.

— Ce n'est d'aucune conséquence. J'ai fait cette connaissance en voyage, et je crois que c'est une maison honnête que je pourrai fréquenter, à moins que vous ne me disiez le contraire.

— Dieu m'en préserve ! c'est une très honnête maison, fréquentée par des gens de probité. On s'y félicite d'avoir fait votre connaissance. Vous avez plus à toute la compagnie, et on espère vous captiver. J'ai tout su ce matin ; mais vous ne devez pas fréquenter cette maison.

— Dois-je la quitter de but en blanc ?

— Non, ce serait malhonnête de votre part. Allez-y une ou deux fois par semaine, mais point d'assiduité. Vous soupirez, mon enfant !

— Non, en vérité : je vous obéirai.

— Je désire que ce ne soit pas à titre d'obéissance, et que votre cœur n'en souffre pas ; mais, en tout cas, il faut le vaincre. Souvenez-vous que la raison n'a pas de plus grand ennemi que le cœur.

— On peut cependant les mettre d'accord.

— On s'en flatte ; mais défiez-vous de l'*animum* de votre cher Horace. Vous savez qu'il n'a pas de milieu : *nisi paret, imperat.*

— Je le sais ; mais dans cette maison, mon cœur ne court nul danger.

— Tant mieux pour vous ; car alors vous vous abstiendrez sans peine de la fréquenter. Souvenez-vous que mon obligation est de vous croire.

— La mienne, d'écouter vos sages avis et de les suivre. Je n'irai chez dona Cecilia que de temps en temps.

La mort dans le cœur, je lui pris la main pour la lui baiser ; mais il me pressa paternellement contre son sein en se détournant pour me cacher ses larmes.

Je dînai à l'hôtel à côté de l'abbé Gama à une table d'une douzaine de couverts occupés par autant d'abbés, car à Rome tout le monde est abbé ou veut le paraître ; et comme il n'est défendu à personne d'en porter l'habit, quiconque veut être respecté le porte, la noblesse excepté, qui n'est pas dans la carrière des dignités ecclésiastiques.

Le chagrin que j'éprouvais ne me permit pas d'ouvrir la bouche durant tout le dîner, et ce silence fut pris pour une preuve de ma sagacité. En sortant de table, l'abbé Gama m'invita à passer la journée avec lui ; je m'en dispensai sous prétexte que j'avais des lettres à écrire ; ce que je fis effectivement pendant sept heures de suite. J'écrivis à don Lelio, à don Antonio, à mon jeune ami Paul, ainsi qu'au bon évêque de Martorano, qui me répondit de bonne foi qu'il aurait bien voulu être à ma place.

Epris de Lucrezia et heureux, la quitter me paraissait une action barbare. Pour faire le bonheur de ma vie à venir, je commençais par être le bourreau du présent et l'ennemi de mon cœur. Je me soulevais contre cette nécessité qui me semblait factice, et que je ne pouvais avouer qu'en m'avilissant au tribunal de ma propre raison. Il me semblait que le père Georgi, en me défendant cette maison, n'aurait pas dû me dire qu'elle était honnête : ma douleur aurait été moindre. Ma journée et une partie de la nuit se passèrent en pareilles réflexions.

Le matin, l'abbé Gama m'apporta un grand livre rempli de lettres ministérielles que, pour m'amuser, je devais compiler. Après avoir pris un air de besogne, je sortis pour aller prendre ma première leçon de français. Dès que je l'eus prise, je me dirigeai vers la Strada-Condotta, dans l'intention d'aller me promener, quand je m'entendis appeler. C'était l'abbé Gama sur la porte d'un café. Je lui dis à l'oreille que Minerve m'avait défendu les cafés de Rome. Minerve me répondit-il, vous ordonne d'en prendre une idée. Asseyez-vous auprès de moi.

J'entendis un jeune abbé qui contait à haute voix un fait, vrai ou controuvé, qui attaquait directement la justice du Saint-Père, mais sans aigreur. Tout le monde riait et faisait écho. Un autre, auquel on demandait pourquoi il avait quitté le service du cardinal B., répondit que c'était parce que l'éminence prétendait n'être pas obligé de lui payer à part certains services ; et chacun de rire à volonté. Enfin un autre vint dire à l'abbé Gama que s'il voulait passer l'après-dînée à la Villa Medicis il le trouverait avec deux petites Romaines qui se contentaient du *quartino*. C'est une monnaie d'or qui vaut le quart d'un sequin. Un autre abbé lut un sonnet incendiaire contre le gouvernement, et plusieurs en prirent copie. Un autre lut une satire de sa propre composition, et dans laquelle il déchirait l'honneur d'une famille. Au milieu de tout cela, je vois entrer un abbé d'une figure attrayante. A l'aspect de ses hanches, je le pris pour une fille déguisée, et je le dis à l'abbé Gama ; mais celui-ci me dit que c'était Bepino della Mamana, fameux castrato. L'abbé l'appellle, et lui dit en riant que je l'avais pris pour une fille. L'impudent, me regardant fixement, me dit que si je voulais il me prouverait que j'avais tort ou que j'avais raison.

A dîner tous les convives me parlèrent, et je pensais avoir convenablement répondu. En sortant de table, l'abbé Gama m'invita à prendre le café chez lui, et j'acceptai. Dès que nous fûmes tête à tête, il me dit que toutes les personnes qui composaient notre table étaient d'honnêtes gens ; ensuite il me demanda si je croyais avoir généralement plu.

— J'ose l'espérer, lui dis-je.

— Vous auriez tort, me répondit l'abbé, ne vous en flattez pas. Vous avez éludé si évidemment les questions qu'on vous a faites que tout le monde s'est aperçu de votre réserve. On ne vous questionnera plus à l'avenir.

— J'en serais fâché ; mais aurait-il fallu publier mes affaires ?

— Non ; il y a partout un juste milieu.

— C'est celui d'Horace ; mais il est souvent fort difficile.

— Il faut savoir à la fois se faire aimer et estimer.

— Je ne vise qu'à cela.

— Vous avez aujourd'hui plus visé à l'estime qu'à l'amour. C'est beau sans doute ; mais disposez-vous à combattre l'envie et sa fille la calomnie ; si ces deux monstres ne parviennent pas à vous abîmer, vous vaincrez. Vous avez, par exemple, pulvérisé Salicetti, physicien, et qui plus est Corse. Il doit vous en vouloir.

— Devais-je lui accorder que les envies des femmes ne peuvent jamais avoir la moindre influence sur la peau du fœtus ? J'ai l'expérience du contraire. Etes-vous de mon avis ?

— Je ne suis ni du vôtre ni du sien, car j'ai bien vu des enfants avec des marques qu'on appelle envies ; mais je ne puis décider pertinemment si ces taches proviennent d'envies que les mères peuvent avoir dans leur grossesse.

— Moi, je puis le jurer.

— Tant mieux pour vous si vous savez la chose avec tant d'évidence, et tant pis pour Salicetti s'il en nie la possibilité. Laissez-le dans son erreur. Cela vaut mieux que le contraire en vous faisant un ennemi.

J'allai le soir chez Lucrèce. On savait tout, et on m'en fit compliment. Elle me dit que je lui paraissais triste, et je lui répondis que je faisais les obsèques de mon temps, dont je n'étais plus le maître. Son mari, toujours plaisant, lui dit que j'étais amoureux d'elle, et sa belle-mère lui conseilla de ne point tant faire l'intrépide. Après avoir passé une seule heure au milieu de cette charmante famille, je me retirai, enflammant l'air de l'ardeur du feu qui m'embrasait. En rentrant je me mis à écrire, et je passai la nuit à composer une ode que le lendemain j'envoyai à l'avocat, certain qu'il la donnerait à sa femme, qui aimait beaucoup la poésie et qui ne savait pas que c'était ma passion. Je m'abstins ensuite d'aller la voir pendant trois jours. J'apprenais le français et je compilais les lettres ministérielles.

Il y avait chez Son Éminence réunion tous les soirs, et la première noblesse de Rome de l'un et l'autre sexe s'y trouvait : je n'y allais pas. Gama me dit que je devais y aller sans prétention comme lui. J'y fus : personne ne me parla ; mais ma personne étant inconnue, chacun me regarda et chacun voulut savoir qui j'étais. L'abbé Gama étant venu me demander quelle était la dame de la société qui me paraissait la plus aimable, je la lui indiquai ; mais j'en fus fâché, car le courtisan s'étant approché d'elle, n'eut rien de plus pressé que de le lui dire.

Bientôt je la vis me lorgner et puis me sourire. C'était la marquise G., dont le serviteur était le cardinal S. C.

Le matin du jour où j'avais décidé de passer la soirée chez dona Lucrezia, je vois entrer dans ma chambre l'honnête avocat, qui, après m'avoir dit que je me trompais si, en n'allant plus le voir, je pensais lui prouver que je n'étais pas amoureux de sa femme, m'invita pour le jeudi suivant à aller goûter, à Testaccio, avec toute la famille. Ma femme, ajouta-t-il, sait votre ode par cœur ; elle l'a récitée au futur d'Angélique qui, depuis se meurt du désir de vous connaître. Il est poète aussi, et il sera des nôtres à Testaccio. Je lui promis de me rendre chez lui, le jour indiqué, avec une voiture à deux places.

Dans ce temps-là, les jeudis du mois d'octobre étaient, à Rome, des jours de gaieté. Je fus le soir chez l'avocat : on ne s'y entretint que de la partie projetée, et je crus m'apercevoir que Lucrezia y comptait autant que moi. Nous n'avions ni ne pouvions avoir de plan arrêté ; mais nous comptions sur l'amour, et nous nous confiions tacitement à sa protection.

J'eus soin que le bon père Georgi ne pût apprendre cette partie de plaisir de personne avant d'en être instruit par moi, et j'allai positivement lui demander la permission d'y aller. J'avoue que, pour qu'il n'eût rien à y opposer, j'affectai la plus complète indifférence. Aussi, ce brave homme me dit-il qu'il fallait absolument que j'en fusse : que c'était une partie en famille ; et que, d'ailleurs, rien ne devait m'empêcher d'apprendre à connaître les environs de Rome et de me divertir honnêtement.

Je me rendis chez dona Cecilia dans un carrosse-coupé que je louai à un Avignonnais nommé Roland, que je nomme ici parce que j'aurai à parler de cet homme dix-huit ans plus tard, sa connaissance ayant eu des suites importantes. La charmante veuve me présenta don Francesco, son futur beau fils, comme grand ami des gens de lettres et comme trèsérudit lui-même. Je pris cette annonce pour de l'argent comptant et je le traitai en conséquence ; malgré cela, je lui trouvai l'air engourdi et le maintien bien différent de celui qu'aurait dû avoir un jeune homme à la veille d'épouser une aussi jolie personne qu'Angélique. Mais il était honnête et riche, ce qui vaut beaucoup mieux que l'air galant et l'érudition.

Lorsque nous fûmes prêts à monter en voiture, l'avocat me dit qu'il serait mon compagnon dans la mienne, et que les trois dames iraient avec don Francesco dans l'autre. Je me hâtai de lui répondre qu'il devait aller avec don Francesco, et que dona Cecilia devait être mon lot ; que je serais déshonoré si les choses s'arrangeaient autrement. En disant cela, j'offris le bras à la belle veuve, qui trouva mon arrangement dans les convenances de la bonne société, et un regard approbateur de ma Lucrezia me causa le plus agréable sentiment. Cependant la proposition de l'avocat me laissa une sensation pénible, car elle était en contradiction avec sa conduite antérieure, et surtout avec les discours qu'il m'avait tenus chez moi. Serait-il devenu jaloux ? me disais-je ; cela m'aurait presque donné de l'humeur, mais l'espoir de le ramener à Testaccio dissipa le brouillard, et je fus aimable avec dona Cecilia.

La promenade et le goûter, aux dépens de l'avocat, nous traînèrent facilement jusqu'à la fin du jour : je fis les frais de la gaieté, et mon amour pour Lucrezia ne fut pas mis une seule fois sur le tapis ; toutes mes attentions furent pour la mère. Je dis quelques mots en passant à Lucrezia, je ne parlai pas du tout à l'avocat ; il me semblait que c'était le meilleur moyen de lui faire comprendre qu'il m'avait manqué.

Au moment du départ, l'avocat m'enleva dona Cecilia et courut se mettre en voiture avec elle ; Angélique et don Francesco s'y trouvaient déjà. Contenant à peine le plaisir que j'éprouvais, je présentai mon bras à dona Lucrezia en lui faisant un compliment qui n'avait pas le sens commun, tandis que l'avocat, riant de tout son cœur, semblait s'applaudir du tour qu'il croyait m'avoir joué.

Combien de choses ne nous serions-nous pas dites avant de nous livrer à notre tendresse, si les moments n'avaient pas été aussi précieux ! Mais, sachant que nous n'avions devant nous qu'une demi-heure, nous en fûmes avares. Nous étions dans l'ivresse du bonheur, quand tout à coup Lucrezia s'écrie :

— Oh ! ciel ! que nous sommes malheureux !

Elle me repousse, se remet, la voiture s'arrête, et le domestique ouvre la portière.

— Qu'est-il donc arrivé ? lui dis-je.

— Nous sommes chez nous.

Toutes les fois que je me rappelle cet événement il me semble fabuleux : car il n'est pas possible de réduire le temps à rien, et les chevaux étaient de véritables rosses. Mais nous eûmes bonheur sur bonheur. La nuit était sombre, et mon ange se trouvait à la place où elle devait descendre la première ; de sorte que, quoique l'avocat fût à la portière aussi vite que le laquais, tout se passa à merveille par la lenteur que Lucrezia mit à descendre. Je restai chez dona Cecilia jusqu'à minuit.

Rentré chez moi, je me couchai : mais le moyen de dormir ? J'avais en moi toute l'ardeur de cette flamme, que la trop courte distance de Testaccio à Rome m'avait empêché de renvoyer au foyer d'où elle émanait. J'en étais dévoré. Malheureux ceux qui croient que les plaisirs de Cythérée sont quelque chose, à moins que deux cœurs qui s'entr'aiment n'en jouissent dans un accord parfait !

***

Un soir, à la réunion de S. E., où j'allais régulièrement, quoiqu'il m'arrivât rarement que quelque personne de distinction m'adressât la parole, le cardinal me fit signe d'approcher. Il parlait à la belle marquise G., à laquelle Gama avait dit que je l'avais trouvée la plus jolie.

— Madame, me dit le cardinal, désire savoir si vous faites bien des progrès dans la langue française, qu'elle parle à merveille.

Je lui répondis, en italien, que j'avais beaucoup appris, mais que je n'osais pas encore me hasarder à parler.

— Il faut oser, me dit la marquise, mais sans prétention. On se met ainsi à l'abri de la critique.

Mon esprit ayant, à mon insu, donné au mot oser une acception à laquelle vraisemblablement la marquise n'avait pas pensé, le rouge me monta au visage ; et, cette belle femme s'en étant aperçue, changea de conversation ; je m'éloignai.

Le lendemain, à sept heures, j'étais chez dona Cecilia. Mon phaéton était à la porte ainsi que ma voiture à deux places, qui cette fois était un élégant vis-à-vis, doux et si bien suspendu que dona Cecilia en fit l'éloge. J'aurai mon tour en retournant à Rome, dit Lucrezia. Je lui fis une révérence comme pour la prendre au mot. C'est ainsi que, pour dissiper le soupçon, elle le défiait. Sûr d'être heureux, je me livrai à toute ma gaieté naturelle. Après avoir ordonné un dîner choisi, nous sortîmes pour aller à la Villa Ludovisi, et, comme il pouvait arriver que nous nous égarassions, nous nous donnâmes rendez-vous à une heure à l'auberge. La discrète veuve prit le bras de son gendre, Angélique celui de son futur, et Lucrèce fut mon délicieux partage. Ursule et son frère s'en allèrent courir ensemble, et, en moins d'un quart d'heure, ma belle se trouva seule avec moi.

— As-tu entendu, me dit-elle, avec quelle candeur je me suis assurée deux heures d'un doux vis-à-vis avec toi ? Aussi est-ce un vis-à-vis. Que l'amour est savant !

— Oui, mon adorable amie, l'amour a confondu nos esprits pour n'en faire qu'un seul. Je t'adore, et je ne passe tant de longs jours sans te voir que pour mieux m'assurer la jouissance d'un seul.

— Je ne croyais pas la chose possible. C'est toi qui as tout fait mon ami : tu en sais trop pour ton âge.

— Il y a un mois, mon adorable amie, que je n'étais qu'un ignorant, et tu es la première femme qui m'ait initié aux véritables mystères de l'amour. Ton départ, Lucrezia, me rendra malheureux, car l'Italie ne peut posséder une autre femme qui t'égale.

— Comment ! je suis ton premier amour ? Ah ! malheureux ! ¡tu n'en guériras pas. Que ne suis-je à toi ! Tu es aussi le premier amour de mon cœur, et tu seras certainement le dernier. Heureuse celle que tu aimeras après moi ! Je n'en serai pas jalouse, mais je souffrirai de ne pas lui connaître un cœur tel que le mien.

Lucrèce, voyant alors mes yeux humides de larmes, donna un libre cours aux siennes, et nous étant assis sur le gazon, nos lèvres savourèrent leur nectar au milieu des plus doux baisers. Qu'elles sont douces les larmes de l'amour savourées dans les élans d'une tendresse réciproque ! Je les ai goutées dans toute leur suavité, ces larmes déli- cieuses, et je puis dire avec connaissance de cause que les anciens physiciens avaient raison et que les modernes ont tort.

Dans un instant de calme, comtemplant le plus ravissant des désordres, je lui dis que nous pourrions être surpris.

— Ne crains pas cela, mon ami, nous sommes sous la garde de nos génies.

Nous nous reposions en puisant dans nos regards amoureux des forces nouvelles, quand Lucrezia, regardant à sa droite, s'écria : Tiens, mon cœur, ne te l'ai-je pas dit ? Oui, nos génies nous gardent ! Ah ! comme il nous observe ! Son regard cherche à nous rassurer. Vois ce petit démon. C'est tout ce que la nature a de plus occulte. Admire-le. C'est certainement ton génie ou le mien.

Je la crus dans le délire.

— Que dis-tu, mon cœur? je ne te comprends pas. Que faut-il que j'admire?

— Tu ne vois pas là ce beau serpent à dépouille flamboyante et qui, la tête levée, semble nous adorer?

Je regarde alors du côté qu'elle m'indiquait, et je vois un serpent à couleurs changeantes, long d'une aune et qui réellement nous regardait. Cette vue ne m'amusait pas, mais je ne voulus point me montrer moins intrépide qu'elle.

— Est-il possible, lui dis-je, mon adorable amie, que son aspect ne t'effraye point?...

— Son aspect me ravit, te dis-je, et je suis sûre que cette idole n'a de serpent que la forme, ou plutôt que l'apparence.

— Et, si sillonnant le gazon, il venait en sifflant jusqu'à toi?

— Je te serrerais plus étroitement contre mon sein et je le défierais de me faire du mal. Lucrezia entre tes bras n'est susceptible d'aucune crainte. Tiens, il s'en va. Vite, vite! Il nous annonce par sa fuite l'approche de quelque profane et nous dit que nous devons aller chercher une autre retraite pour y renouveler nos plaisirs. Allons!

A peine debout, nous nous avançons à pas lents, et nous voyons sortir d'une allée voisine dona Cecilia avec l'avocat. Sans les éviter et sans nous presser, comme s'il était très-naturel de se rencontrer, je demande à dona Cecilia si sa fille craint les serpents. Malgré tout son esprit, dit-elle, elle craint le tonnerre jusqu'à s'évanouir, et elle jette les hauts cris à l'aspect du plus petit serpent. Il y en a ici, mais elle aurait tort d'en avoir peur, car ils ne sont point venimeux.

Mes cheveux se dressèrent sur ma tête d'étonnement, car ces paroles me prouvaient que je venais d'être témoin d'un vrai miracle d'amour. Dans cet instant les enfants survinrent, et sans façon, nous nous séparâmes de nouveau.

— Dis-moi, être étonnant, femme ravissante, qu'aurais-tu fait si, au lieu de ton joli serpent, tu avais vu apparaître ton mari et ta mère ?

— Rien. Ne sais-tu pas qu'en des moments si solennels les amants ne sont qu'amoureux ? Douterais-tu de m'avoir possédée tout entière ?

Lucrezia, en me parlant ainsi, ne composait pas une ode ; point de fiction, la vérité était tout à la fois dans ses regards et dans le son de sa voix ! Crois-tu, lui dis-je, que personne ne nous soupçonne ?

— Mon mari ou ne nous croit pas amoureux, ou n'ajoute aucun prix à certaines bagatelles que la jeunesse se permet ordinairement. Ma mère a de l'esprit, et peut-être imagine-t-elle la vérité ; mais elle sait que ce ne sont plus ses affaires. Quant à ma sœur, elle doit tout savoir, car aurait-elle pu oublier le lit enfoncé ? mais elle est prudente, et outre cela elle s'avise de me plaindre. Elle n'a pas une idée de la nature de mes sentiments pour toi. Sans toi, mon ami, j'aurais probablement traversé la vie sans avoir de ce sentiment une idée exacte ; car ce que j'éprouve pour mon époux... j'ai pour lui la complaisance que mon état m'impose.

— Il est pourtant bien heureux et j'envie son bonheur ! Il peut, quand il le désire, presser tout ton être dans ses bras ; nul voile importun ne s'interpose pour lui ravir le moindre de tes charmes.

— Où es-tu, mon cher serpent ? Accours, viens me mettre à l'abri des regards profanes, et à l'instant je comble les vœux de celui que j'adore.

Nous passâmes toute la matinée à nous dire que nous nous aimions et à nous en donner des preuves réitérées.

Nous eûmes un dîner délicat et pendant tout le repas je comblai d'attentions l'aimable Cecilia. Ma jolie tabatière d'écaille remplie d'excellent tabac, fit souvent le tour de la table. Dans un moment où elle se trouvait entre les mains de Lucrèce qui était à ma gauche, son mari lui dit qu'elle pourrait me donner sa bague et garder la boîte en échange. Croyant que sa bague valait moins que la tabatière, je m'empressai de dire que je le prenais au mot ; mais elle valait plus. Dona Lucrezia ne voulut pas entendre raison, elle mit la boîte dans sa poche et force me fut d'accepter la bague.

A la fin du dessert, quand la conversation s'animait, voilà le prétendu d'Angélique qui nous force au silence pour nous lire un sonnet de sa façon et qu'il avait fait pour moi. Je dus naturellement l'en remercier, et, prenant le sonnet que je mis dans ma poche, je lui en promis un de ma façon. Ce n'était pourtant pas répondre à son désir : il s'attendait que, piqué d'émulation, j'allais demander de l'encre et du papier, et sacrifier à Apollon des heures que je voulais consacrer à un dieu que son flegme ne connaissait que de nom. Nous prîmes le café, je payai l'hôte, et nous allâmes nous enfoncer dans les labyrinthes de la Villa Aldobrandini.

Que ces lieux m'ont laissé de doux souvenirs ! Il me semblait que je voyais ma divine Lucrezia pour la première fois. Nos regards étaient brûlants, nos cœurs palpitaient à l'unisson de la plus tendre impatience, et l'instinct nous guidait vers l'asile le plus solitaire et que la main de l'Amour semblait avoir créé pour y consommer les mystères de son culte secret. Là, au milieu d'une longue allée et sous une touffe de verdure, s'élevait un large siège de gazon adossé à un fourré très-épais ; devant nous, nos yeux plongeaient sur une plaine immense et nos regards parcouraient l'allée à droite et à gauche dans une étendue qui nous mettait à l'abri de toute surprise. Nous n'eûmes pas besoin de nous parler ; nos cœurs s'entendirent.

Sans nous rien dire, debout l'un devant l'autre, nos mains adroites eurent bientôt écarté tous les obstacles, et rendu à la nature tous les charmes que lui dérobent les voiles importuns. Deux heures entières se passèrent dans les plus doux transports. A la fin, charmés et satisfaits l'un de l'autre, nous regardant de l'air le plus tendre, nous nous écriâmes ensemble : Amour, je te remercie !

Nous nous acheminâmes à pas lents vers nos voitures, et nous égayâmes le chemin par les plus tendres confidences. Ma Lucrezia me dit que le prétendu d'Angélique était riche, qu'il avait une belle maison à Tivoli, et que probablement il nous inviterait à y faire une partie et à passer la nuit. Je conjure l'amour, ajouta-t-elle, pour qu'il m'inspire le moyen de la passer sans obstacle, comme j'ai passé cette heureuse journée. Ensuite, prenant un ton triste, elle dit : Mais, hélas ! l'affaire ecclésiastique qui a amené ici mon mari s'arrange si heureusement que je crains mortellement qu'il n'obtienne trop tôt la sentence.

Nous fûmes deux heures en route, et dans mon vis-à-vis, excédant pour ainsi dire la nature et lui demandant plus qu'elle ne pouvait donner. En arrivant à Rome, nous fûmes obligés de baisser la toile avant le dénoûment du drame que nous avions joué à la grande satisfaction des acteurs, Je rentrai chez moi un peu fatigué ; mais un sommeil comme on en a à cet âge me rendit toute ma vigueur, et le matin j'allai, à l'heure accoutumée, prendre ma leçon de français.

# V

## Angélique

Nous étions vers la fin de novembre, lorsqu'un matin le prétendu d'Angélique vint me faire visite avec l'avocat, et il m'invita à vouloir aller passer vingt-quatre heures à Tivoli, avec toute la société que j'avais traitée à Frascati. J'acceptai avec plaisir, car, depuis la Sainte-Ursule, je ne m'étais jamais trouvé seul avec Lucrezia. Je lui promis de me rendre chez dona Cecilia à la pointe du jour, dans ma même voiture. Il fallait partir de très-bonne heure, parce que Tivoli est à seize milles de Rome et que la quantité de belles choses qu'il y avait à voir demandait beaucoup de temps. Devant découcher, j'en demandai la permission au cardinal lui-même, qui, ayant entendu avec qui je ferais cette partie, me dit que je faisais fort bien de saisir l'occasion de voir ce bel endroit en si belle compagnie.

Au point du jour, je me trouvai, dans mon vis-à-vis à quatre chevaux, à la porte de dona Cecilia, qui, comme les autres fois, fut mon partage. Cette charmante veuve, malgré la pureté de ses mœurs, était ravie que j'aimasse sa fille. Toute la famille était dans un phaéton à six places que don Francesco avait loué.

A sept heures et demie, nous fîmes halte dans un endroit où don Francesco nous fit trouver un délicieux déjeuner qui, devant nous tenir lieu de dîner, fut parfaitement fêté par chacun. A Tivoli, nous ne pouvions avoir que le temps de souper. Après déjeuner, nous remontâmes en voiture, et à dix heures nous arrivâmes chez lui. J'avais au doigt la belle bague que Lucrezia m'avait donnée. J'avais fait faire derrière le chaton un champ d'émail portant un caducée avec un seul serpent. Il était entre les deux lettres grecques *Alpha* et *Omega*. Cette bague fut le sujet du discours tout le long du déjeuner, et l'avocat et don Francesco s'évertuèrent à deviner l'hiéroglyphe, ce qui divertit beaucoup ma Lucrezia, qui était à part du secret.

Nous visitâmes d'abord, avec beaucoup d'attention, la demeure du futur d'Angélique, c'était un vrai bijou ; ensuite nous allâmes tous ensemble passer six heures à voir les antiquités de Tivoli. Lucrezia ayant dit quelque chose en secret à don Francesco, je saisis cet instant pour dire à Angélique que, lorsqu'elle serait mariée, j'irais passer quelques jours de la belle saison avec elle.

— Monsieur, me dit-elle, je vous préviens, que, dès que je serai maîtresse ici, la première personne à qui je fermerai ma porte, ce sera vous.

— Je vous suis fort obligé, mademoiselle, de m'avoir averti.

Ce qu'il y a de plaisant en ceci, c'est que je pris cette incartade pour une simple déclaration d'amour. J'étais pétrifié. Lucrezia, s'apercevant de mon état, me tira par le bras en me demandant ce que j'avais. Je le lui dis, et voici ce qu'elle me dit à son tour : Mon ami, mon bonheur ne saurait durer longtemps ;

je touche au moment cruel où il faudra que je me sépare de toi. Dès que je serai partie, impose-toi la tâche de la réduire à reconnaître son erreur. Elle me plaint, venge-moi.

J'ai oublié de dire, que, pendant que nous visitions la maison de don Francesco, il m'arriva de louer une petite chambre charmante qui donnait sur l'orangerie. Le galant propriétaire, m'ayant entendu, vint obligeamment me dire que je l'occuperais. Lucrezia ne fit pas semblant de l'entendre, mais ce fut pour elle le fil d'Ariane ; car, devant visiter ensemble les beautés de Tivoli, nous ne pouvions pas nous promettre de nous trouver un instant tête à tête pendant la journée.

J'ai dit que nous fûmes six heures à parcourir les beautés de Tivoli, mais je dois avouer ici que, pour ma part, j'y vis fort peu de choses, et ce ne fut que vingt-huit ans plus tard que je connus ce beau lieu dans tous ses détails.

Nous rentrâmes vers le soir rendus de fatigue et mourant de faim ; mais une heure de repos avant souper, un repas de deux heures, les mets les plus succulents, les vins les plus exquis, surtout l'excellent vin de Tivoli, nous remirent si bien, que chacun ne sentit plus que le besoin d'un bon lit pour en jouir selon ses goûts.

Personne ne voulant coucher seul, Lucrezia dit qu'elle coucherait avec Angélique dans la chambre qui donnait sur l'orangerie, que son mari coucherait avec son frère le jeune abbé, et sa mère avec sa petite sœur.

L'arrangement fut trouvé délicieux, et don Francesco, prenant une bougie, vint me conduire dans ma jolie petite chambre contiguë à celle que devaient occuper les deux sœurs ; et, après m'avoir indiqué comment je pouvais m'enfermer, il me souhaita une bonne nuit et me laissa seul.

Angélique ignorait que je dusse être son voisin ; mais, sans nous être dit un mot, Lucrezia et moi nous nous étions entendus.

L'œil fixé sur le trou de la serrure, je vois entrer les deux aimables sœurs, précédées de l'hôte officieux portant un flambeau, et qui, après leur avoir allumé une lampe de nuit, leur souhaita le bonsoir et s'en alla. Alors mes deux belles, après s'être enfermées, s'assirent sur un sofa et procédèrent à leur toilette de nuit, qui dans ce climat heureux est semblable à celle de notre première mère. Lucrezia, sachant que je l'attendais, dit à sa sœur d'aller se coucher du côté de la fenêtre. Alors la vierge ne croyant pas exposer ses charmes à mon œil profane, traversa la chambre toute nue. Lucreria éteint la lampe et les bougies et va se mettre à côté de sa chaste sœur.

Moments heureux que je sais ne plus pouvoir espérer, mais dont la seule mort peut me faire perdre le délicieux souvenir ! Je crois que je ne me suis jamais déshabillé plus rapidement que ce soir-là. J'ouvre la porte et je tombe dans les bras de Lucrezia, qui dit à sa sœur : C'est mon ange : tais-toi et dors.

Quel tableau ravissant j'offrirais ici à mes lecteurs s'il m'était possible de peindre la volupté dans tout ce qu'elle a d'enchanteur ! Quels transports amoureux dès le premier instant ! quelles douces extases se succédèrent jusqu'à ce qu'un délicieux épuisement nous fît céder au pourvoir de Morphée !

Les premiers rayons du jour, pénétrant à travers

les fentes des jalousies, vinrent nous arracher à ce sommeil réparateur, et, semblables à deux guerriers valeureux qui n'ont suspendu leurs coups que pour recommencer le combat avec plus d'ardeur, nous nous livrâmes de nouveau à toute l'activité de la flamme dont nos sens étaient embrasés. O ma Lucrezia, que ton amant est heureux ! mais, tendre amie, prends garde à ta sœur, elle pourrait se tourner et nous voir.

— Ne crains rien, âme de ma vie ; ma sœur est charmante ; elle m'aime, elle me plaint ; n'est-ce pas, ma chère Angélique, tu m'aimes ! Oh ! tourne-toi, vois ta sœur heureuse, connais le bonheur qui t'attend quand l'amour t'aura soumise à son doux empire.

Angélique, jeune vierge de dix-sept ans, et qui devait avoir passé une nuit de Tantale, ne demandant pas mieux que d'avoir un prétexte de montrer à sa sœur qu'elle lui avait pardonné, se tourna, et, en lui donnant cent baisers, elle lui avoua qu'elle n'avait point fermé l'œil. Pardonne aussi, ma tendre Angélique ; pardonne à l'objet qui m'aime et que j'adore, lui dit alors Lucrezia. Pouvoir incompréhensible du dieu qui soumet tous les êtres ! Angélique me hait, dis-je ; je n'ose...

— Non, je ne vous hais pas ! me dit cette charmante fille.

Embrasse-la, mon ami, me dit Lucrezia en me poussant vers elle, et jouissant de la voir entre mes bras languissante et sans mouvement. Mais le sentiment, plus encore que l'amour, me défend de ravir à Lucrezia le témoignage de reconnaissance que je lui devais, et je vole vers elle avec toute l'ardeur d'un premier mouvement, sentant mes feux s'accroître par l'extase dans laquelle je voyais Angélique, qui pour la première fois fut spectatrice de la lutte la plus amoureuse. Lucrezia, mourante, me pria de finir ; mais me trouvant inexorable, elle trompa mon ardeur, et la douce Angélique fit le premier sacrifice à la mère des amours. C'est ainsi, sans doute, que, lorsque les dieux habitaient le séjour des mortels, la voluptueuse Arcadie, amoureuse du souffle doux et gracieux du vent d'occident, lui ouvrit un jour ses bras, et devint féconde. C'était le doux Zéphire.

Lucrezia, étonnée et ravie, nous couvrait tour à tour de ses baisers. Angélique, heureuse autant que sa sœur, expira délicieusement entre mes bras, pour la troisième fois, et avec tant de feu et de tendresse, que je crus savourer le bonheur pour la première fois.

Le blond Phébus avait quitté la couche nuptiale, et déjà ses rayons répandaient la lumière sur l'univers ; la clarté, qui pénétrait à travers les fentes des jalousies, me fit sentir que je devais abandonner la place ; et, après les plus tendres adieux, je laissai mes deux divinités et me retirai dans mon cabinet. Peu d'instants après, la voix joviale du bon avocat se fit entendre chez mes voisines : il reprochait à sa femme et à sa belle-sœur de se livrer trop longtemps au repos ! Il vint ensuite frapper à ma porte, me menaçant de faire entrer ces dames ; puis il partit pour m'envoyer un coiffeur.

Après de nombreuses ablutions et une toilette soignée, je trouvai ma figure présentable et je me présentai stoïquement dans le salon. J'y trouvai les deux aimables sœurs au milieu de la société réunie, et le vermeil de leurs joues m'enchanta. Lucrezia était gaie et libre, son visage exprimait le bonheur ;

Angélique, fraîche comme la rosée du matin, plus radieuse que de coutume, mais mobile et soigneuse de ne pas me regarder une seule fois en face. M'étant aperçu qu'elle souriait de ce que je ne parvenais pas à la voir en face, je dis malicieusement à sa mère qu'il était dommage qu'elle mît du blanc. Dupe de ce stratagème calomnieux. Angélique m'obligea à lui passer un mouchoir sur le visage : alors elle fut bien forcée de me regarder. Je lui fis mes excuses, et don Francesco se montra enchanté que la blancheur de sa future eût obtenu un si beau triomphe.

Après le déjeuner, nous allâmes nous promener dans le jardin, et, me trouvant avec ma Lucrezia, je lui fis de tendres reproches. ¡Ne me reproche rien, me dit-elle, quand je ne mérite que des éloges. J'ai porté la lumière dans l'âme de ma charmante sœur ; je l'ai initiée au plus doux des mystères ; et maintenant, au lieu de me plaindre, elle doit m'envier ; elle doit t'aimer au lieu de te haïr ; et assez malheureuse pour devoir bientôt te quitter, mon ami, je te la laisse ; qu'elle me remplace.

— Ah ! Lucrezia, comment l'aimer ?

— N'est-elle pas charmante ?

— Sans aucun doute ; mais mon amour pour toi me met à l'abri de tout autre amour. D'ailleurs, don Francesco doit désormais l'occuper tout entière ; et je ne voudrais pas être la cause d'un refroidissement entre eux, ni troubler la paix de leur ménage. Au reste, je suis sûr que ta sœur est entièrement différente de toi ; et je parierais qu'elle se reproche déjà de s'être laissé séduire par son tempérament.

— Tout cela peut être, mon ami ; mais ce qui me désole, c'est que mon mari compte obtenir la sentence dans le courant de la semaine, et qu'alors les instants du bonheur sont passés pour moi.

Cette nouvelle m'attrista, et pour y faire diversion je m'occupai beaucoup à table du généreux don Francesco, auquel je promis un épithalame pour ses noces, qui devaient se faire au mois de janvier.

Nous retournâmes à Rome, et Lucrezia fut pendant trois heures dans mon vis-à-vis sans qu'elle pût s'apercevoir d'aucune altération dans la vivacité de mes sentiments pour elle. A notre arrivée, me sentant fatigué, j'allai descendre à l'hôtel d'Espagne.

Comme Lucrezia me l'avait dit, son mari obtint la sentence trois ou quatre jours après, et il vint m'annoncer son départ pour le surlendemain en me témoignant beaucoup d'amitié. Je passai les deux soirées avec Lucrezia, toujours au milieu de la famille, et le jour du départ, voulant lui causer une surprise agréable, je pris les devants et me rendis pour les attendre à l'endroit où je croyais qu'ils devaient coucher ; mais l'avocat ayant été retenu par divers contre-temps et n'ayant pu partir que quatre heures plus tard qu'il ne se l'était proposé, ils n'arrivèrent que le lendemain pour dîner. Après ce repas, nous nous fîmes de pénibles adieux ; ils continuèrent leur chemin et je retournai à Rome.

# VI

## La marquise G...


J'allais rarement chez don Gaspar, car l'étude de
la langue française me prenait mes matinées, seul
temps où je pouvais le voir ; mais j'allais tous les
soirs chez l'abbé Georgi ; et, quoique je ne figurasse
chez lui qu'en qualité de cher audit abbé, cela me
donnait cependant de la réputation. Je n'y parlais
pas, mais je n'y éprouvais point de l'ennui. Dans sa
réunion on critiquait sans médire, on parlait politique sans entêtement, littérature sans passion, et je
m'instruisais. En sortant de chez ce sage moine,
j'allais à la grande réunion du cardinal mon maître,
par la raison que je devais y aller. Presque chaque
fois la belle marquise, quand elle me voyait à la
table où elle jouait, m'adressait quelques paroles
obligeantes en français, auxquelles je répondais en
italien, ne voulant pas la faire rire en si grande compagnie. C'est un sentiment singulier que j'abandonne
à la sagacité du lecteur. Je trouvais cette femme
charmante et je la fuyais : non que je craignisse d'en
devenir amoureux, car j'aimais Lucrèce, et il me
semblait que cet amour devait me servir d'égide

contre tout autre ; mais bien de crainte qu'elle ne le devînt de moi, ou au moins curieuse de me connaître. Était-ce fatuité ou modestie, vice ou vertu ? Ce n'était peut-être rien de tout cela.

Un soir elle me fit appeler par l'abbé Gama ; elle était debout auprès du cardinal mon patron, et, dès que je fus auprès d'elle, elle me surprit étrangement par une interrogation en italien, à laquelle j'étais loin de m'attendre :

— *Vi ha piacciuto Frascati ?*

— Beaucoup, madame ; je n'ai jamais rien vu de si beau.

— *Ma la compagnia con laquale eravate era ancor più bella, ed assai galante era il vostro vis-à-vis.*

Je ne réponds que par une révérence. Une minute après, le cardinal Acquaviva me dit avec bonté :

— Êtes-vous étonné qu'on le sache ?

— Non, monseigneur ; mais je le suis qu'on en parle. Je ne croyais pas Rome si petite.

— Plus vous y resterez, me dit Son Éminence, et plus vous la trouverez petite. N'êtes-vous pas encore allé baiser le pied du Saint-Père ?

— Pas encore, monseigneur.

— Vous devez y aller.

Je répondis par une révérence.

En sortant, l'abbé Gama me dit que je devais aller chez le pape le lendemain ; ensuite il ajouta : Vous vous montrez sans doute chez la marquise G. ?

— Non, je n'y ai jamais été.

— Vous m'étonnez. Elle vous fait appeler, elle vous parle !

— J'irai avec vous.

— Je n'y vais jamais.

— Mais elle vous parle aussi.

— Oui, mais... Vous ne connaissez pas Rome. Allez-y seul, vous le devez.

— Elle me recevra donc ?

— Vous badinez, je crois. Il ne s'agit pas de vous faire annoncer. Vous irez la voir quand les deux battants de sa chambre seront ouverts. Vous y verrez tous ceux qui lui font hommage.

— Me verra-t-elle ?

— N'en doutez pas.

Le lendemain, je me rends à Monte-Cavallo et je vais droit à la chambre où était le pape dès qu'on m'eut dit que je pouvais entrer. Il était seul ; je me prosterne et je baise la sainte croix sur sa très-sainte mule. Le Saint-Père me demande qui je suis, je le lui dis, et il me répond qu'il me connaît, me félicitant d'appartenir à un cardinal d'une aussi grande importance. Il me demanda ensuite comment j'avais fait pour entrer chez lui. Je lui contai tout, en commençant par mon arrivée à Martorano. Après qu'il eut bien ri de tout ce que je lui dis du pauvre bon évêque, il me dit que, sans me gêner à lui parler toscan, je pouvais lui parler vénitien, de même qu'il me parlait le dialecte de Bologne. Me trouvant à mon aise avec lui, je lui dis tant de choses, je l'amusai si bien, qu'il me dit que je lui ferais plaisir toutes les fois que j'irais le voir. Je lui demandai la permission de lire tous les livres défendus, et il me la donna par une bénédiction, me disant qu'il me la ferait délivrer par écrit : ce qu'il oublia.

Benoît XIV était savant, fort aimable et aimant le mot pour rire. Je le vis pour la seconde fois à la Villa Médicis. Il m'appela, et, tout en marchant, il me parla de bagatelles. Il était accompagné du cardinal Albani et de l'ambassadeur de Venise. Un homme à l'air modeste s'approche, le pontife lui demande ce qu'il veut, l'homme lui parle bas, et le pape, après l'avoir écouté, lui dit : Vous avez raison, recommandez-vous à Dieu. En disant ces mots, il lui donne sa bénédiction. Le pauvre homme s'éloigne tristement, et le Saint-Père continue sa promenade. Cet homme, dis-je, Très-Saint-Père, n'a pas été content de la réponse de Votre Sainteté.

— Pourquoi ?

— Parce qu'il y a apparence qu'il s'était déjà recommandé à Dieu avant de vous avoir parlé ; et, quand Votre Sainteté l'y renvoie de nouveau, il se trouve renvoyé, comme dit le proverbe, d'Hérode à Pilate.

Le pape éclate de rire, ainsi que les deux suivants ; je garde mon sérieux.

— Je ne puis, reprit le pape, faire rien qui vaille sans l'aide de Dieu.

— C'est vrai, Saint-Père ; mais cet homme sai aussi que Votre Sainteté est son premier ministre : il est donc facile de s'imaginer l'embarras où il se trouve actuellement qu'il se voit renvoyé au maître. Il ne lui reste d'autre ressource que d'aller donner de l'argent aux gueux de Rome, qui, pour un baïoque qu'il leur donnera, prieront tous pour lui. Ils vantent leur crédit ; mais moi, qui ne crois qu'à celui de Votre Sainteté, je vous supplie de me délivrer de cette chaleur qui m'enflamme les yeux en me dispensant de faire maigre.

— Mangez gras, mon enfant.

— Très-Saint-Père, votre bénédiction.

Il me la donna, en me disant qu'il ne me dispensait pas du jeûne.

Le même soir, je trouvai à la réunion du cardinal la nouvelle de tout mon dialogue avec le pape. Tout le monde alors se montra jaloux de vouloir me parler. Cela me flatta ; mais ce qui me flattait bien plus encore, c'était la joie que le cardinal Acquaviva cherchait en vain à dissimuler.

Ne voulant point négliger l'avis de l'abbé Gama, j'eus soin d'aller chez la belle marquise à l'heure où tout le monde avait chez elle un libre accès. Je la vis, je vis le cardinal et beaucoup d'autres abbés ; mais je crus être invisible, car, madame ne m'ayant pas honoré d'un regard, personne ne m'adressa le mot. Je partis après avoir, pendant une demi-heure, joué ce rôle muet. Cinq ou six jours après, la belle me dit, d'un air noble et gracieux, qu'elle m'avait aperçu dans sa salle de compagnie.

— J'y ai été effectivement, mais je ne soupçonnais pas que j'eusse eu l'honneur d'être vu de madame.

— Oh ! je vois tout le monde. On m'a dit que vous avez de l'esprit.

— Si ceux qui vous l'ont dit ne se sont point trompés, vous m'apprenez là une fort bonne nouvelle.

— Oh ! ils s'y connaissent.

— Il faut, madame, que ces personnes m'aient fait l'honneur de me parler ; sans cela, il est probable qu'elles n'auraient jamais pu faire cette remarque.

— C'est certain ; mais laissez-vous voir chez moi.

Nous avions cercle. S. E. me dit que, lorsque M<sup>me</sup> la marquise me parlait français tête à tête, bien ou mal je devais lui répondre dans la même langue. Le politique Gama, m'ayant pris à part, me dit que mes reparties étaient trop tranchantes, et que je finirais par déplaire à la longue. J'avais fait d'assez rapides progrès dans le français ; je ne prenais plus de leçon, et l'exercice seul m'était nécessaire pour me perfectionner. J'allais chez Lucrezia quelquefois le matin, et le soir j'allais habituellement chez M. l'abbé Georgi qui connaissait ma partie de Frascati, et qui ne l'avait pas désapprouvée.

Deux jours après l'espèce d'ordre de la marquise, je me rendis à son audience. Dès qu'elle me vit, elle m'accueillit d'un sourire, que je crus devoir reconnaître par une profonde révérence ; ce fut là tout. Un quart d'heure après, je sortis. La marquise était belle, elle était puissante ; mais je ne pouvais me déterminer à ramper ; les mœurs de Rome, sous ce rapport, m'excédaient.

Je passais les journées entières dans ma chambre à faire des sommaires des lettres françaises du cardinal lui-même, et Son Eminence eut la bonté de me dire qu'il trouvait mes extraits très-judicieux, mais qu'il fallait absolument que je travaillasse moins. La belle marquise était présente lorsque je reçus ce compliment flatteur. Depuis la seconde fois que je lui avais fait visite, je ne m'étais plus représenté chez elle ; aussi elle me boudait, et, ne voulant pas laisser passer l'occasion de me le faire sentir, elle s'empressa de dire à Son Éminence qu'il fallait bien que je travaillasse pour dissiper l'ennui que devait me causer le départ de Lucrezia.

— Je ne dissimulerai pas, madame, que j'y ai été sensible. Elle était bonne et généreuse ; elle me pardonnait surtout de ne pas l'aller voir souvent. Mon amitié d'ailleurs était innocente.

— Je n'en doute pas, quoique votre ode prouve un poète amoureux.

— Il n'est pas possible, ajouta le bienveillant cardinal, qu'un poète écrive sans faire semblant d'être amoureux.

— Mais, répliqua la marquise, s'il l'est réellement, il n'a point besoin de feindre un sentiment qu'il possède.

Tout en disant cela, la marquise tira de sa poche un papier qu'elle présenta à Son Éminence en lui disant : Voilà cette ode ; elle fait honneur au poète et à l'écrivain, car c'est un petit chef-d'œuvre avoué de tous les beaux esprits de Rome, et que dona Lucrezia sait par cœur. Le cardinal la parcourut et la lui rendit en souriant, lui disant qu'il ne goûtait pas la poésie italienne ; que pour qu'il la trouvât belle, il fallait qu'elle se donnât le plaisir de la mettre en français.

— Je n'écris le français qu'en prose, dit la marquise, et toute traduction en prose fait perdre aux vers les trois quarts de leur mérite. Je ne me mêle ajouta-t-elle en me regardant significativement, que de faire parfois des vers italiens sans prétention.

— Je me croirais heureux, madame, si je pouvais me procurer le bonheur d'en admirer quelques-uns.

— Voici, me dit le cardinal S. C., un sonnet de madame. Je le prends respectueusement, et j'allais le lire, lorsque l'aimable marquise me dit de le mettre dans ma poche, que je pourrais le rendre le lendemain au cardinal, quoique son sonnet ne valût pas grand'chose. Si vous sortez le matin, me dit le cardinal, vous pourrez me le rendre en venant dîner chez moi. Le cardinal Acquaviva prenant la parole dit : Dans ce cas, il sortira exprès.

Après une profonde révérence qui disait tout, je m'éloigne peu à peu et je monte à ma chambre, impatient de lire le sonnet. Cependant, avant de satisfaire cette impatience, je m'avisai de jeter un coup d'œil sur moi-même. Ma situation présente me parut mériter quelque attention, après le pas de géant qu'il me semblait que j'avais fait ce soir-là dans l'assemblée. La marquise de G., qui me déclare de la manière la moins équivoque l'intérêt qu'elle me porte, et qui, se donnant un air de grandeur, ne craint pas de se compromettre en me faisant en public les avances les plus flatteuses ! Mais qui se serait avisé d'y trouver à redire? Un jeune abbé tel que moi, parfaitement sans conséquence, et pouvant à peine prétendre à sa haute protection ; et elle était faite précisément pour l'accorder à ceux qui, s'en croyant indignes, n'avaient garde de montrer l'intention d'y prétendre. Sur un pareil article, ma modestie sautait aux yeux de tout le monde, et la marquise m'aurait sans doute insulté si elle m'avait cru capable d'oser me figurer qu'elle eût le moindre goût pour moi. Non, assurément une pareille fatuité n'est pas dans ma nature. Tout cela était si vrai, que son cardinal même m'invitait à dîner. L'aurait-il fait s'il eût pu penser qu'il fût possible que je pusse plaire à sa belle marquise? Non, sans doute ; et il ne m'a invité à dîner avec lui qu'après avoir relevé des paroles mêmes de sa belle, que j'étais la personne qu'il leur fallait pour passer quelques heures à causer sans rien risquer, rien absolument. — A d'autres.

Pourquoi me déguiser aux yeux de mes lecteurs? Qu'ils me croient fat, je le leur pardonne ; mais le fait est que je me sentis sûr d'avoir plu à la marquise. Je me félicitai de ce qu'elle avait fait ce premier pas, si important et si difficile. Sans cela, jamais, non seulement, je n'aurais osé l'attaquer par les moyens convenables, mais je n'aurais pas même hasardé de jeter un dévolu sur elle. Je ne la crus enfin faite pour remplacer Lucrezia que de ce soir là. Elle était belle, jeune, remplie d'esprit et d'instruction ; elle était lettrée, et de plus puissante dans Rome ; que fallait-il de plus ? Je crus cependant devoir faire semblant d'ignorer son inclination, et de commencer le lendemain à lui donner motif de croire que je l'aimais, sans oser rien espérer. Je savais ce moyen infaillible en ménageant son amour-propre. Cette entreprise me parut être de nature à obliger le père Georgi lui-même à faire semblant d'y applaudir. Au reste, j'avais vu avec une vive satisfaction que le cardinal Acquaviva avait témoigné un grand plaisir que le cardinal S. C. m'eût invité ; honneur qu'il ne m'avait jamais fait lui-même. Cela pouvait aller loin.

Je lus le sonnet de l'aimable marquise ; je le trouvai bon, coulant, facile et parfaitement écrit. Elle y faisait l'éloge du roi de Prusse, qui venait de s'emparer de la Silésie par une espèce de coup de main. Il me vint dans l'idée, en le copiant, de personnifier la Silésie, et de la faire répondre au sonnet en se plaignant que l'Amour, que je feignais en être l'auteur, osât applaudir celui qui l'avait conquise, puisque ce conquérant était ennemi déclaré de l'Amour.

Il est impossible que celui qui est habitué à faire des vers s'en abstienne dès qu'une idée heureuse vient sourire à son imagination charmée. Le feu poétique, qui circule alors dans ses veines, le consumerait s'il voulait arrêter son essor. Je fis mon sonnet, en observant les mêmes rimes ; et, satisfait de mon Apollon, j'allai me coucher.

Le lendemain matin, comme j'achevais de copier mon sonnet, l'abbé Gama vint me demander à déjeuner ; c'était pour me faire compliment de l'honneur que le cardinal S. C. m'avait fait en m'invitant à dîner devant tout le monde : mais, ajouta-t-il, soyez prudent, car Son Eminence passe pour être jalouse. Je le remerciai de l'avis amical, ayant soin de lui certifier que je n'avais rien à craindre, car je ne me sentais aucun penchant pour sa belle marquise.

Le cardinal S. C. me reçut avec beaucoup de bonté, mais mêlée d'un certain air de dignité, faite pour me faire sentir toute la grâce qu'il me faisait. — Avez-vous, me dit-il, trouvé le sonnet de la marquise bien fait ?

— Monseigneur, je l'ai trouvé parfait et, qui plus est, charmant : le voilà.

— Elle a beaucoup de talent. Je veux vous faire voir dix stances de sa façon, abbé, mais sous le sceau du plus grand secret.

— Votre Eminence peut en être très sûre.

Il tira de son secrétaire les stances dont il était le sujet. Je les lus, elles étaient bien faites, mais je n'y trouvai point de feu ; c'était l'œuvre d'un poète : c'était de l'amour dans un style passionné, mais où l'on ne trouvait point de ce sentiment qui en fait si bien discerner la vérité. Le bon cardinal commettait sans doute une grande indiscrétion ; mais l'amour-propre en fait tant commettre ! Je demandai à Son Eminence s'il y avait répondu. — Non, me dit-il ; — mais voudriez-vous, ajouta-t-il en riant, me prêter votre plume, toujours sous la condition d'un inviolable secret ? — Quant à la condition du secret, monseigneur, j'en réponds sur ma tête ; mais je crains que madame ne remarque la différence du style.

— Elle n'a rien de moi, me dit-il ; d'ailleurs je ne pense pas qu'elle me croie bon poète, et, pour cette raison, il faut que vos stances soient faites de manière qu'elle ne puisse pas les trouver au-dessus de ma capacité.

— Je les ferai, monseigneur, et Votre Eminence en sera le juge ; et, si vous ne croyez pas pouvoir les lui donner comme votre propre ouvrage, vous ne les lui remettrez pas.

— C'est bien dit. Voulez-vous les faire de suite ?

— De suite, monseigneur ? Ce n'est pas de la prose.

— Eh bien, tâchez de me les donner demain.

Nous dînâmes tête à tête, et Son Eminence me fit compliment sur mon appétit, en me disant qu'il voyait avec plaisir que je m'en acquittais aussi bien que lui. Je commençais à connaître mon original, et, pour le flatter, je lui dis qu'il me faisait trop d'honneur, que je lui cédais. Ce singulier compliment lui plut, et je vis tout le parti que je pouvais tirer de Son Eminence.

Vers la fin du repas, comme nous discourions, voilà la marquise qui entre, comme de raison, sans se faire annoncer. Son aspect me ravit : je la trouvai beauté parfaite. Sans laisser au cardinal le temps d'aller à sa rencontre, elle vint s'asseoir auprès de lui ; je restai debout ; c'était dans l'ordre.

La marquise, sans faire semblant de m'apercevoir, parla avec esprit de différentes choses jusqu'au moment où l'on apporta le café. Alors, m'adressant la parole, elle me dit de m'asseoir, mais comme si elle m'avait fait l'aumône. — A propos, abbé, dit-elle un instant après, avez-vous lu mon sonnet ?

— Oui, madame, et j'ai eu l'honneur de le remettre à monseigneur. Je l'ai trouvé si heureux que je suis sûr qu'il vous a coûté du temps.

— Du temps? dit le cardinal, vous ne la connaissez pas.

— Monseigneur, repris-je, sans du temps, on ne fait rien qui vaille ; et c'est pour cette raison que je n'ai pas osé montrer à Votre Eminence une réponse que j'y ai faite en une demi-heure.

— Voyons-la, abbé, dit la marquise, je veux la lire.

*Réponse de la Silésie à l'Amour.* Ce titre lui causa la plus aimable rougeur. Il n'est pas question d'amour ! s'écria le cardinal. Attendez, dit la marquise : il faut respecter l'idée du poète.

Elle lut et relut le sonnet, et trouva très justes les reproches que la Silésie adressait à l'Amour. Alors elle expliqua mon idée au cardinal, lui faisant sentir pourquoi la Silésie était offensée que ce fût le roi de Prusse qui eût fait sa conquête.

— Ah ! oui, oui, dit le cardinal tout joyeux ; c'est que la Silésie est une femme... c'est que le roi de Prusse... oh ! oh ! la pensée est divine ! Et le cardinal de rire à gorge déployée pendant plus d'un quart d'heure. Je veux copier ce sonnet, dit-il, je veux absolument l'avoir.

— L'abbé, dit obligeamment la marquise, vous en épargnera la peine. Je vais le lui dicter.

— Je me mets en devoir d'écrire ; mais Son Eminence de s'écrier : Marquise, c'est admirable, il l'a fait sur vos mêmes rimes : l'avez-vous bien remarqué ?

La belle marquise me donna alors un coup d'œil si expressif, qu'elle acheva de me subjuguer. Je compris qu'elle voulait que je connusse le cardinal comme elle le connaissait et que nous fussions de moitié. Je me sentais parfaitement disposé à la seconder,

Dès que j'eus écrit le sonnet sous la dictée de cette charmante femme, je me préparai à sortir ; mais le cardinal, enchanté, me dit qu'il m'attendait à dîner le lendemain.

J'avais de la besogne, car les dix stances que j'avais à faire étaient de l'espèce la plus singulière : aussi n'eus-je rien de plus pressé que de me retirer pour aller y réfléchir à mon aise. J'avais besoin de me maintenir en équilibre entre deux selles, et je sentais qu'il me fallait toute l'adresse dont j'étais susceptible. Je devais mettre la marquise en état de faire semblant de croire que le cardinal était l'auteur de ces stances, en même temps qu'elle serait obligée de me les attribuer et de ne pouvoir pas douter que je le savais. Je devais user d'assez de ménagements pour qu'elle ne pût point soupçonner que j'eusse des espérances, et cependant répandre dans mes vers tout le feu du sentiment sous le voile transparent du poète. Quant au cardinal, je savais que, plus il trouverait les stances jolies, plus il serait disposé à se les approprier. Il ne s'agissait que de clarté, chose si difficile en poésie, tandis que l'obscurité aurait passé pour du sublime aux yeux de mon nouveau Midas. Mais, quoiqu'il m'importât beaucoup de lui plaire, l'Eminence n'était ici que l'accessoire, et la belle marquise l'objet principal.

Si la marquise, dans ses vers, faisait une énumération pompeuse des qualités physiques et morales du cardinal, je ne devais pas négliger de lui rendre la pareille, d'autant plus que j'avais beau jeu. Enfin, pénétré de mon sujet, je me mis en besogne, et, donnant carrière à mon imagination et au double sentiment qui me possédait, je finis mes dix stances par ces deux beaux vers de l'Arioste :

Le angeliche bellezze nate al cielo
Non si ponno celar sotto cuni velo.

Assez content de mon petit ouvrage, j'allai, le lendemain, le présenter à l'Eminence, en lui disant que je doutais qu'il voulût se déclarer auteur d'une production aussi médiocre. Il les lut et relut fort mal, et finit par me dire qu'effectivement elles étaient peu de chose, mais que c'était précisément ce qu'il fallait. Il me remercia surtout des deux vers de l'Arioste, en me disant que cela contribuerait à le faire croire auteur des stances, en prouvant à celle qui en était l'objet qu'il en avait eu besoin. Enfin, comme pour me consoler, il me dit qu'en les copiant il aurait soin de fausser quelques vers, ce qui compléterait l'illusion.

Nous dînâmes de meilleure heure que la veille, et j'eus soin de me retirer de suite après le dîner, pour lui laisser le temps de faire la copie avant l'arrivée de sa dame.

Le lendemain soir, l'ayant rencontrée à la porte de l'hôtel, je lui donnai le bras pour l'aider à descendre de voiture. Dès qu'elle fut à terre, elle me dit :

— Si l'on parvient, dans Rome, à connaître vos stances et les miennes, vous pouvez compter sur mon inimitié.

— Madame, j'ignore ce que vous voulez me dire.

— Je m'attendais à cette réponse, reprit la marquise ; mais que cela vous suffise.

Je la laissai à la porte de la salle, et, la croyant réellement fâchée, je me retirai le désespoir dans le cœur. Mes stances, me disais-je, ont trop de feu, elles compromettent sa gloire, et son orgueil aura été offensé de me voir si avant dans le secret de son intrigue. Cependant, je suis sûr que la crainte qu'elle témoigne de mon indiscrétion n'est, de sa part, qu'une feinte : c'est un prétexte pour me disgracier. Elle n'a pas compris ma réserve ! Qu'aurait-elle donc fait si je l'avais peinte dans la parure de l'âge d'or, libre de tous les voiles que la pudeur impose au sexe ! J'étais fâché de ne l'avoir pas fait. Je me déshabille, et me couche. Je rêvais encore sur mon chevet, lorsque l'abbé Gama vint frapper à ma porte. Je tire le cordon, il entre :

— Mon cher, me dit-il, le cardinal demande à vous voir ; la belle marquise et le cardinal S. C, désirent que vous descendiez.

— J'en suis fâché, mais je ne le puis ; dites-leur la vérité, que je suis couché et malade.

L'abbé ne revenant pas, je jugeai qu'il s'était bien acquitté de sa commission, et je passai la nuit assez tranquillement. Je n'étais pas encore habillé, le lendemain matin, que je reçus un billet du cardinal S. C., où il m'invitait à dîner, me disant qu'il s'était fait saigner, et qu'il avait besoin de me parler ; il finissait par m'inviter à me rendre chez lui de bonne heure, quand bien même je serais malade.

C'était pressant ; je ne pouvais rien deviner ; mais ce billet ne paraissait pas annoncer quelque chose de désagréable. Je sors, et je vais à la messe, sûr d'être remarqué par le cardinal Acquaviva, ce qui ne manqua pas. Après la messe, monseigneur m'ayant fait signe d'approcher :

— Etes-vous vraiment malade ? me dit-il.

— Non, monseigneur, je n'avais qu'envie de dormir.

— J'en suis charmé ; mais vous avez tort, car on vous aime. Le cardinal se fait saigner.

— Je le sais, monseigneur ; il me l'apprend par ce billet, dans lequel il me prie d'aller dîner chez lui si Votre Eminence le permet.

— Très volontiers. Mais c'est plaisant ! Je ne croyais pas qu'il eût besoin d'un tiers.

— Y aura-t-il donc un tiers ?

— Je n'en sais rien, et je n'en suis pas curieux.

Le cardinal me quitta là-dessus, et tout le monde crut que Son Eminence m'avait entretenu d'affaires d'Etat.

J'allai chez mon nouveau Mécène, que je trouvai dans son lit.

— Je suis obligé de faire diète, me dit-il ; vous dînerez seul, mais vous n'y perdrez rien, mon cuisinier n'en est point prévenu. Ce que j'ai à vous dire, c'est que je crains que vos stances ne soient trop jolies, car la marquise en est folle. Si vous me les aviez lues comme elle l'a fait, je ne me serais pas décidé à les admettre.

— Mais elle les croit de Votre Eminence ?

— Certainement.

— Voilà l'essentiel, monseigneur.

— Oui ; mais que ferais-je s'il allait lui prendre envie de m'en faire d'autres ?

— Vous lui répondriez par le même moyen, car vous pouvez disposer de moi jour et nuit, et être parfaitement sûr du plus inviolable secret.

— Je vous prie d'accepter ce petit présent ; c'est du negrillo de la Havane que le cardinal Acquaviva m'a donné.

Le tabac était bon, mais l'accessoire était meilleur ; c'était une superbe tabatière d'or émaillé. Je la reçus avec respect et l'expression d'une tendre reconnaissance.

Si Son Eminence ne savait pas faire des vers, elle savait au moins donner, et donner convenablement : et cette science, dans un grand seigneur, est infiniment au-dessus de l'autre.

Vers midi, à ma grande surprise, je vois la belle marquise paraître dans le plus beau élégant déshabillé.

— Si j'avais su, lui dit-elle, que vous aviez bonne compagnie, je ne serais pas venue.

— Je suis sûr, chère marquise, que vous ne trouverez pas de trop notre abbé.

— Non, car je le crois honnête.

Je me tenais à une distance respeçtueuse, prêt à partir, avec ma belle tabatière, au premier lardon qu'elle m'aurait lancé. Le cardinal lui ayant demandé si elle dînerait :

— Oui, dit-elle, mais mal, car je n'aime pas à manger seule.

— Si vous voulez lui faire cet honneur, l'abbé vous tiendra compagnie.

Elle me regarda alors d'un air gracieux, mais sans ajouter une syllabe.

C'était la première fois que j'avais affaire à une femme du grand ton, et cet air de protection, de quelque air de bienveillance qu'il fût accompagné, me démontait, car il ne peut rien avoir de commun avec l'amour. Cependant, comme elle était en présence du cardinal, je compris qu'il était probablement convenable qu'elle agît ainsi.

On mit la table auprès du lit du cardinal, et la marquise, qui ne mangeait presque rien, encourageait mon heureux appétit.

— Je vous ai dit que l'abbé ne me cède pas, dit S. C.

— Je crois, dit la marquise, qu'il s'en faut de peu qu'il ne vous égale ; mais, ajouta-t-elle flatteusement, vous êtes plus friand.

— Madame la marquise, oserais-je vous prier de me dire en quoi je vous parais gourmand ? Car en toutes choses je n'aime que les morceaux fins et exquis.

— Explication en toutes choses, dit le cardinal.

Me permettant alors de rire, je dis en vers improvisés tout ce qu'il me vint dans la tête d'appeler fin et exquis. La marquise, en m'applaudissant, me dit qu'elle admirait mon courage.

— Mon courage, madame, est votre ouvrage, car je suis timide comme un lapin quand on ne m'encourage pas : vous êtes l'auteur de mon impromptu.

— Je vous admire. Pour moi, quand même celui qui m'encouragerait serait le dieu du Pinde, je ne saurais prononcer quatre vers sans les écrire.

— Osez, madame, vous abandonner à votre génie, et vous direz des choses divines.

— Je le crois aussi, dit le cardinal. Permettez, de grâce, que je montre à l'abbé vos dix stances.

— Elles sont négligées ; mais je le veux bien, pourvu que cela reste entre nous.

Alors le cardinal me donna les stances de la marquise, et je les lus en leur donnant tout le relief d'une lecture bien faite.

— Comme vous avez lu cela ! dit la marquise ; il ne me semble plus en être l'auteur. Je vous remercie. Mais ayez la bonté de lire sur le même ton celles que Son Eminence m'a faites en réponse. Elles les surpassent de beaucoup.

— Ne croyez pas cela, abbé, dit le cardinal en me

les donnant ; cependant, tâchez de ne leur rien faire perdre à la lecture.

Son Eminence n'avait certes pas besoin de me faire une pareille recommandation, car c'étaient mes vers ; il m'aurait été impossible de ne pas les lire de mon mieux, surtout lorsque j'avais sous les yeux l'objet qui me les avait inspirés, et qu'en outre Bacchus réchauffait mon Apollon, autant que les beaux yeux de la marquise augmentaient le feu qui circulait dans tous mes sens.

Je lus ces stances de manière à ravir le cardinal ; mais je fis monter le rouge sur le front de la charmante marquise, quand j'en fus à la description de ces beautés qu'il est permis à l'imagination poétique de deviner, mais que je ne pouvais pas avoir vues. Elle m'arracha le papier des mains avec un air de dépit, en disant que j'y substituais des vers ; ce qui était vrai, mais ce que je me gardai bien d'avouer. J'étais tout de flamme, et elle ne brûlait pas moins que moi.

Le cardinal s'étant endormi, elle se leva, pour aller s'asseoir sur le belvédère : je l'y suivis. Elle était assise à hauteur d'appui, j'étais en face d'elle, de manière que son genou touchait ma montre. Quel poste ! Prenant avec douceur une de ses mains, je lui dis qu'elle avait porté dans mon âme une flamme dévorante, que je l'adorais, et que, si je ne pouvais pas espérer de la trouver sensible à ma peine, j'étais décidé à la fuir pour jamais.

— Daignez, belle marquise, prononcer ma sentence !

— Je vous crois libertin et inconstant.

— Je ne suis ni l'un ni l'autre. En disant ces mots, je la pressai contre mon sein, et je déposai sur ses belles lèvres de rose un baiser délicieux qu'elle reçut de la meilleure grâce. Ce baiser, avant-coureur des plus doux plaisirs, ayant donné à mes mains la hardiesse la plus prononcée, j'allais... Mais la marquise, changeant de position, me pria avec tant de douceur de la respecter, que, trouvant une nouvelle volupté à lui obéir, je cessai non seulement de poursuivre une victoire possible, mais j'allai même jusqu'à lui demander un pardon qu'il me fut facile de lire dans le regard le plus suave. Elle me parla ensuite de Lucrezia, et elle dut être enchantée de ma discrétion. De là elle fit tomber la conversation sur le cardinal, tâchant de m'induire à croire qu'il n'existait entre elle et lui qu'un lien de pure amitié. Je savais à quoi m'en tenir, mais j'étais intéressé à faire semblant de la croire sans restriction. Nous en vînmes à nous réciter les vers de nos meilleurs poètes, et pendant ce temps elle était assise, et moi debout devant elle, libre de dévorer de mes regards des charmes auxquels je restais insensible en apparence, décidé à ne point chercher ce jour-là une plus belle victoire que celle que j'avais obtenue.

Le cardinal ayant achevé son long et paisible somme, vint nous rejoindre en bonnet de nuit, et nous demanda bénignement si nous ne nous étions pas impatientés à l'attendre. Je restai avec eux jusqu'à la brune ; après quoi je me retirai très content de ma journée, mais déterminé à tenir mon ardeur en bride jusqu'à ce que le moment d'une victoire complète vint s'offrir de lui-même.

Depuis ce jour, la charmante marquise ne cessa de me donner des marques d'une estime particulière, sans affecter la moindre gêne. Je comptais sur le carnaval qui s'approchait, persuadé que, plus je ménagerais sa délicatesse, plus elle serait soigneuse à faire naître l'occasion de récompenser ma fidélité et de couronner ma tendresse et ma constance. Mais le sort en avait décidé autrement ; car la fortune vint me tourner le dos au moment même où le pape et mon cardinal pensaient sérieusement à la fixer sur des bases solides.

VII

**M<sup>me</sup> F...**

*Aprés son escapade fameuse à l'île de Casopo, Casanova est revenu se constituer prisonnier à Corfou.*

J'avais la chaîne au pied droit et on me débouclait le soulier du pied gauche pour achever cette belle décoration, quand l'adjudant de Son Excellence vint ordonner à mon geôlier de me rendre mon épée et de me mettre en liberté. Je voulus aller présenter mes hommages au noble gouverneur ; mais un peu embarrassé sans doute de sa contenance, l'adjudant me dit que Son Excellence m'en dispensait.

J'allai de suite faire ma révérence au général sans lui dire un seul mot ; mais lui, d'un air grave, me dit d'être plus sage à l'avenir et d'apprendre que le premier devoir d'un militaire était d'obéir, surtout d'être discret et modeste. Comprenant à merveille toute la signification de ces deux mots, je me réglai en conséquence.

Mon apparition chez M. D. R. fit naître la joie sur tous les visages. Ces beaux moments m'ont toujours été si chers, qu'en me faisant oublier les moments pénibles ils m'en ont constamment fait chérir la cause. Il est impossible de bien sentir un plaisir quand il n'a pas été précédé de quelque peine, et les jouissances ne sont grandes qu'en proportion des privations qu'on a souffertes. M. D. R. fut si content de me voir qu'il vint à ma rencontre et m'embrassa tendrement. Il me dit ensuite, en me faisant présent d'une belle bague qu'il ôta de son doigt, que j'avais très-bien fait de laisser ignorer à tout le monde, et à lui particulièrement, le lieu de ma retraite. Vous ne sauriez croire, ajouta-t-il d'un air noble et franc, combien M$^{me}$ F. s'intéresse à vous. Vous lui feriez un grand plaisir en y allant dans l'instant.

Quel plaisir de recevoir ce conseil de lui-même ! Mais ce mot : à l'instant, me fit de la peine ; car ayant passé la nuit dans la felouque, je craignais que le désordre de ma toilette ne me nuisit à ses yeux. Je ne pouvais pourtant point reculer ni lui en dire la raison : je pensai à m'en faire un mérite auprès d'elle.

J'arrive ; il ne faisait pas jour chez la déesse ; mais sa femme de chambre me fit entrer, en m'assurant que sa maîtresse ne tarderait pas à sonner et qu'elle serait bien fâchée de ne pas m'avoir vu. Pendant une demi-heure que je passai avec cette jeune personne, charmante indiscrète, j'appris une foule de choses qui me firent un extrême plaisir, surtout une foule de propos qu'on avait tenus sur mon évasion ; et j'en tirai la conclusion que ma conduite, dans toute cette affaire, avait obtenu l'approbation générale.

Aussitôt que madame eût vu sa femme de chambre, elle me fit appeler. On ouvre les rideaux, et je crois voir l'Aurore entourée de roses et des perles du matin. Je lui dis que, sans l'ordre que m'en avait donné M. D. R., je n'aurais jamais osé me présenter devant elle dans l'état où j'étais ; et, du ton le plus suave, elle me répondit que M. D. R., sachant tout l'intérêt qu'elle me portait, avait très-bien fait de me faire venir, m'assurant en même temps que M. D. R. m'estimait autant qu'elle.

— Je ne sais, madame, comment j'ai pu mériter un si grand bonheur, tandis que je n'aspirais qu'à des sentiments d'indulgence.

— Nous avons tous admiré la force que vous avez eue de vous abstenir de passer votre épée au travers du corps de ce fou, qu'on aurait jeté par la fenêtre s'il ne se fût évadé au plus vite.

— Je l'aurais tué, madame, n'en doutez pas, si vous n'aviez pas été présente.

— Le compliment est fort galant, mais il n'est pas croyable que vous ayez pensé à moi dans ce moment.

A ces mots, je soupire en baissant les yeux et détournant la tête. Elle voit ma bague. et, pour changer de conversation, elle se mit à me faire l'éloge de M. D. R., dès qu'elle sut comment il m'avait fait ce présent. Elle voulut que je lui contasse la vie que j'avais menée dans l'île, et je le fis, à l'exception de mes jolies couturières que j'eus soin de laisser sous voile ; car je savais déjà alors que, dans le commerce de la vie, il y a bon nombre de vérités qu'il faut laisser dans un officieux oubli.

Tout ce que je lui dis la fit beaucoup rire, et ma conduite lui parut admirable. Auriez-vous, me dit-elle, le courage de raconter tout cela, mais dans les mêmes termes au provéditeur général ?

— N'en doutez pas madame, pourvu qu'il m'en demandât la narration.

— Eh bien, tenez-vous prêt à me tenir parole. Je

veux, ajouta t-elle, que ce brave seigneur vous aime et qu'il devienne votre principal protecteur, pour vous garantir des passe-droits. Laissez-moi faire.

En sortant de chez elle, le cœur ravi de son accueil j'allai chez le major Maroli pour m'informer de l'état de mes fonds, et j'appris avec plaisir qu'il ne m'avait plus tenu de moitié depuis ma disparition. Je retirai quatre cents sequins des mains du caissier, me réservant de rentrer en part quand les circonstances me paraîtraient convenables.

Le soir, ayant eu soin de faire toilette, j'allais trouver l'adjudant Minotto pour aller avec lui faire une visite à M^{me} Sagredo, favorite du général. C'était à Corfou la plus jolie des dames vénitiennes, M^{me} F. exceptée. Ma visite la surprit ; car, ayant été la cause de tout ce qui s'était passé, elle était loin de s'y attendre, croyant que je lui en voulais. Je la désabusai en lui parlant franchement, et elle me dit les choses les plus obligeantes, me priant d'aller quelquefois passer la soirée chez elle. A cette invitation fort aimable, j'inclinai la tête sans accepter ni refuser. Je savais que M^{me} F. ne pouvait point la souffrir ; comment aurais-je pu fréquenter ses soirées ! D'ailleurs cette dame aimait le jeu, et, pour lui plaire, il fallait ou perdre ou la faire gagner ; or, pour se résoudre à l'une de ces deux conditions, il faut aimer l'objet et avoir des vues de conquête : je n'étais pas dans cette disposition. L'adjudant Minotto ne jouait pas, mais il avait captivé ses bonnes grâces en faisant auprès d'elle le Mercure galant.

De retour à l'hôtel, je trouve M^{me} F. toute seule, M. D. R. étant occupé à écrire. Assis auprès d'elle, elle m'engage à lui conter tout ce qui m'était arrivé à

Constantinople : je n'ai pas eu lieu de m'en repentir. Ma rencontre avec la femme de Josouff lui plut beaucoup ; mais la nuit du bain des trois nymphes d'Ismaël la mit tout en feu. Je gazais tant que je pouvais ; mais quand elle me trouvait obscur, elle m'obligeait à m'expliquer un peu mieux, et, dès que je me faisais mieux comprendre en donnant à mes tableaux un vernis de volupté que je puisais plus dans ses regards que dans mes souvenirs, elle ne manquait pas de me gronder et de me dire que j'aurais pu être moins clair. Je sentais que la voie dans laquelle elle m'avait engagé devait lui donner une fantaisie en ma faveur ; et j'étais persuadé que celui qui fait naître des désirs peut facilement être condamné à les éteindre : c'était la récompense à laquelle j'aspirais ; j'osais l'espérer, quoique je ne la visse encore qu'en perspective.

Par hasard, ce jour-là, M. D. R. avait invité beaucoup de monde à souper. Je dus naturellement faire les frais de la conversation en racontant avec toutes les circonstances et le plus grand détail tout ce que j'avais fait et ce qui m'était arrivé depuis l'instant où j'avais reçu l'ordre de me rendre aux arrêts jusqu'à ma mise en liberté. M. Foscari, gouverneur de la bastarde, était à mon côté, et la fin de ma narration ne lui fut sans doute pas des plus agréables.

Mon histoire plut du reste à toute la société, et il fut décidé que M. le provéditeur général devait avoir le plaisir de l'entendre de ma bouche. Ayant dit qu'il y avait beaucoup de foin à Casopo, article dont on manquait absolument à Corfou, M. D. R. me dit que je devais saisir cette occasion de me faire un mérite auprès du général, en l'en prévenant sans retard. Je suivis cet avis dès le lendemain, et je fus fort bien accueilli ; car Son Excellence ordonna une corvée pour l'aller chercher et le transporter à Corfou.

Deux ou trois jours après, étant un soir au café, l'adjudant Minotto vint me dire que le général voulait me parler : on juge que cette fois je fus prompt à exécuter ses ordres.

*
* *

L'assemblée était fort nombreuse. J'entre tout doucement : Son Excellence me voit, déride son front et fait tourner sur moi tous les regards de la société, en disant à haute voix : Voilà un jeune homme qui se connaît en princes. Monseigneur, lui dis-je à l'instant je suis devenu connaisseur en ce genre à force d'approcher vos pareils.

— Ces dames sont curieuses de savoir tout ce que vous avez fait depuis votre disparition jusqu'à votre retour.

— Vous me condamnez donc, monseigneur, à une confession publique !

— Fort bien ; mais sur ce pied, prenez garde d'omettre la plus petite circonstance, et figurez-vous que je ne suis pas ici.

— Au contraire ; car ce n'est que de Votre Excellence que je veux attendre mon absolution. Mais l'histoire sera longue,

— Dans ce cas le confesseur vous permet de vous asseoir.

Je conte mon histoire dans le plus grand détail, à l'exception pourtant de mes congrès fréquents avec les nymphes insulaires. Tout cet événement, me dit le vieillard, est instructif.

— Oui, monseigneur, car il montre qu'un jeune

homme n'est jamais si en danger de périr que lorsque, agité d'une grande passion, il se trouve maître de se satisfaire moyennant une bourse d'or qu'il a dans sa poche.

J'allais partir, lorsque le maître d'hôtel vint me dire que Son Excellence m'engageait à rester à souper. J'eus donc l'honneur de me trouver assis à sa table, mais non d'y manger ; car, obligé de répondre aux mille questions qu'on m'adressait de toutes parts, il me fut impossible de mettre un seul morceau dans dans ma bouche. Je me trouvais assis à côté du protopapa Bulgari, et je lui demandai pardon d'avoir un peu ridiculiser l'oracle du papa Deldimopulo. C'est une friponnerie, me dit-il, à laquelle il est d'autant plus difficile de remédier qu'elle porte le cachet de l'antiquité.

Au dessert, M^me F. ayant dit un mot à l'oreille du général, celui-ci m'adressa la parole en me disant qu'il entendrait bien volontiers ce qui m'était arrivé, pendant mon séjour à Constantinople, avec la femme du Turc Josouff, et chez un autre où j'avais été témoin d'un bain au clair de la lune. Fort surpris de cette espèce d'invitation, je lui dis que c'étaient de ces fredaines qui ne méritaient pas d'être contées ; et j'en fus quitte, Son Excellence n'ayant pas insisté. Ce qui me frappa surtout, ce fut l'indiscrétion de M^me F. qui ne devait pas mettre tout Corfou dans le secret des contes que je lui faisais tête à tête. Je la voulais jalouse de sa gloire, que j'aimais plus encore que sa personne.

Deux ou trois jours après, me trouvant seul avec elle, elle me dit :

— Pourquoi n'avez-vous pas voulu conter au général vos aventures de Constantinople ?

— Parce que je ne veux pas que le monde sache que vous souffrez que je vous entretienne de pareilles choses. Ce que j'ose, madame, vous conter en tête à tête, je ne vous le conterais certainement pas en public.

— Et pourquoi pas ? Il me semble au contraire que, si par un sentiment de respect vous vous taisez en public, vous devriez d'autant plus vous taire quand je suis seule.

— Ayant le désir de vous divertir, je me suis exposé au danger de vous déplaire ; mais, madame, cela ne m'arrivera plus.

— Je ne veux pas chercher à connaître vos intentions, mais il me semble que, si vous aviez eu le désir de me plaire, vous n'auriez pas dû sciemment vous exposer à un résultat opposé. Nous allons souper chez le général, car M. D. R. est chargé de sa part de vous y mener ; il vous redira, j'en suis sûre, ce qu'il vous a dit la dernière fois, et vous ne pourrez éviter de le satisfaire.

M. D. R. vint bientôt et nous partîmes ensemble. Je réfléchis en chemin que, malgré que M<sup>me</sup> F. eût paru vouloir m'humilier, je devais estimer comme un coup de fortune ce qui venait d'arriver : car en m'obligeant à me justifier, elle m'avait comme forcé à une déclaration qui ne pouvait être indifférente.

Le provéditeur général m'accueillit fort bien, et me fit la grâce de me remettre une lettre qui s'était trouvée à mon adresse dans un paquet qu'il avait reçu le même jour de Constantinople. Après l'avoir remercié par une profonde révérence, je me mis en devoir de la serrer dans ma poche ; mais il m'arrêta en me disant qu'il était amateur du nouveau, et que je pouvais la lire. Je l'ouvre; c'était une lettre de Josouff qui m'annonçait la mort du comte de Bonneval. Au nom du bon Josouff, le général me pria de lui conter l'histoire qui m'était arrivée dans l'entretien que j'avais eu avec sa femme. Ne pouvant éluder l'invitation, je commence à conter une histoire qui dura une heure, qui intéressa fort Son Excellence en amusant la société, et dans laquelle il n'y avait de vrai que le sérieux que je mis dans le récit ; car elle était toute de mon invention. Je sus éviter par là d'avoir aucun tort envers mon ami Josouff, de compromettre M<sup>mo</sup> F. et de me montrer sous un jour peu avantageux. Sous le rapport du sentiment, l'histoire de mon invention me fit le plus grand honneur ; et j'éprouvai une véritable joie, en jetant un regard sur M<sup>mc</sup> F., de lire sur ses traits qu'elle était contente, quoiqu'un tant soit peu interdite.

De retour chez elle, et en présence de M. D. R., elle me dit que l'histoire que j'avais contée était fort jolie, quoiqu'elle ne fût qu'une fable ; qu'elle ne m'en voulait pas, puisque je l'avais amusée ; mais qu'elle ne pouvait s'empêcher de remarquer mon obstination à lui refuser la complaisance qu'elle m'avait demandée. Puis se retournant vers M. R. D. : Il prétend, ajouta-t-elle, qu'en racontant l'histoire de son entretien avec la femme de Josouff sans en altérer la vérité, il aurait fait juger à l'assemblée qu'il m'amuse par des contes indécents. Je veux que vous en soyez juge. Voulez-vous, me dit-elle, avoir la bonté de conter de suite cette rencontre dans les mêmes termes que vous avez employés dans votre premier récit ?

— Oui, madame, je le puis si je le veux.

Piqué au vif d'une indiscrétion qui, ne connaissant pas encore bien les femmes, me semblait sans exemple, sans éprouver la moindre crainte d'échouer je conte l'aventure en peintre passionné, animant le tableau de toutes les couleurs de la passion, et sans gazer aucun des mouvements que la vue des beautés de la Grecque avait éveillés en moi.

— Et vous trouvez, dit M. R. D. à madame, qu'il aurait dû conter ce fait en pleine société comme il vient de nous le conter ici?

— S'il avait mal fait de le conter en public, il a donc mal fait de me le raconter en tête à tête?

— Nul que vous ne le peut savoir; oui, s'il vous a déplu; non, s'il vous a divertie. Pour moi, je vous dirai qu'ici il m'a fort amusé, mais qu'il m'aurait beaucoup déplu s'il l'avait conté, comme ici, devant une nombreuse société.

— Eh bien, me dit alors M^{me} F., dorénavant je vous prie de ne jamais me raconter en particulier que ce que vous pourrez répéter en public.

— Madame, je vous promets d'en faire la règle de ma conduite.

— Bien entendu, ajouta M. R. D., que madame conserve, dans toute son intégrité, le droit de révoquer cet ordre toutes les fois qu'elle le jugera bon.

J'étais piqué, mais je sus dissimuler mon dépit. Un instant après nous partîmes.

J'apprenais à connaître à fond cette femme charmante; mais, à mesure que je pénétrais dans le secret de son caractère, je prévoyais toutes les épreuves auxquelles elle me soumettait. N'importe, mon amour l'emportait; et, voyant l'espérance en perspective, j'avais le courage de braver les épines pour parvenir à cueillir la rose. Ce qui me faisait surtout grand plaisir, c'était de voir que M. D. R.

n'était point jaloux de moi, lors même qu'elle semblait le défier de l'être. C'était un grand point.

Quelques jours après, l'entretenant de diverses
choses, la conversation tomba sur le malheur que
j'avais eu d'entrer dans le lazaret d'Ancône sans le
sou. Malgré cela lui dis-je, j'y devins amoureux d'une
jeune et belle esclave grecque, qui faillit me faire
violer les lois sanitaires.

— Comment cela ?

— Madame, vous êtes seule, et je n'ai pas oublié
vos ordres.

— C'est donc bien indécent ?

— Non ; mais je ne voudrais point vous le dire en
société.

— Eh bien, dit-elle en riant, je révoque l'ordre
comme l'a dit M. R. D. Parlez.

Je lui fis alors le récit bien détaillé et bien fidèle de
toute l'aventure ; et, comme je la voyais pensive, je
lui exagérai mon malheur.

— Qu'appelez-vous votre malheur ? Je trouve la
pauvre Grecque bien plus à plaindre que vous. Vous
ne l'avez plus revue ?

— Pardon, madame, mais je n'ose vous le dire.

— Finissez à présent. C'est une bêtise. Dites-moi
tout. Je m'attends à quelque noirceur de votre part.

— Bien loin de là, madame, ce fut une jouissance
bien douce quoique qu'imparfaite.

— Dites ; mais ne nommez pas les choses par leur
nom, c'est l'essentiel.

Après ce nouvel ordre, je lui dis, sans la regarder
au visage, ma rencontre avec la Grecque en présence
de Bellino, et l'action non achevée qui se passa,
comme par inspiration, jusqu'au moment où cette
charmante esclave s'arracha de mes bras à l'approche

de son maître. M^{me} F. ne disant rien, je fis tomber la conversation sur un autre sujet ; car, si j'étais avec elle sur un excellent pied, je sentais que je devais aller à pas comptés ; jeune comme elle l'était, je pouvais être certain qu'elle ne s'était jamais mésalliée, et ce que je méditais devait lui paraître une mésalliance du premier ordre.

La fortune, qui m'avait toujours favorisé dans les occasions les plus désespérées, ne voulut pas, cette fois, me traiter en marâtre, et elle me procura, le jour même, une faveur d'une nature particulière. Ma belle dame s'étant fait une forte piqûre au doigt, après avoir poussé un cri perçant, me tend sa belle main en me priant de lui sucer le sang. On peut juger si je fut prompt à me saisir d'une main si belle ; et, si mon lecteur est amoureux, ou s'il l'a jamais été, il devinera comment je m'acquittai de cette agréable besogne. Qu'est-ce qu'un baiser ? N'est-ce pas le désir ardent d'aspirer une portion de l'être qu'on aime ? Et le sang que je suçais de cette charmante blessure, qu'était-il, qu'une partie de l'être que j'idolâtrais ? Quand j'eus fini, elle me remercia affectueusement en me disant de cracher le sang que j'avais sucé.

— Il est là, lui dis-je en portant la main sur mon cœur, et Dieu sait le plaisir qu'il m'a fait.

— Vous avez avalé mon sang avec plaisir ! Etes-vous donc anthropophage ?

— Je ne le crois pas, madame, mais j'aurais craint de vous profaner si j'en avais laissé perdre une goutte.

*<br>* *

Un matin quelqu'un vient, de la part de M^me F.,
me dire qu'elle désirait me parler. Il était onze
heures : je m'y rends sans retard, et lui ayant demandé en quoi je pouvais lui être agréable : C'est, me
dit-elle, pour vous rendre les deux cents sequins que
vous m'avez prêtés si noblement. Les voilà, veuillez
me rendre mon billet.

— Votre billet, madame, n'est plus en mon pouvoir. Il est déposé, sous enveloppe bien cachetée, chez
le notaire ***, qui conformément à cette quittance,
ne peut le remettre qu'à vous-même.

— Pourquoi ne l'avez-vous pas gardé près de
vous ?

— Crainte qu'on me le volât, ou de peur de le
perdre. Et si j'étais venu à mourir, je n'aurais
pas voulu qu'il tombât en d'autres mains que les
vôtres.

— Votre procédé est certainement délicat ; mais il
me semble que vous auriez dû garder le droit de le
retirer vous-même des mains du dépositaire.

— Je n'ai point prévu le cas possible de le retirer.

— Cependant le cas aurait pu facilement arriver.
Je puis donc faire dire au notaire de m'envoyer l'enveloppe !

— Sans doute, madame ; et vous seule le pouvez.

Elle envoya prévenir le notaire, qui vint lui remettre son dépôt.

Elle brise l'enveloppe et ne trouve qu'un papier
barbouillé de noir, mais parfaitement illisible,
excepté son nom que j'avais respecté. Ceci, me dit-
elle, prouve de votre part une façon d'agir aussi
noble que délicate ; mais avouez que je ne puis pas

être sûre que ce chiffon soit réellement mon billet, quoique j'y voie mon nom.

— C'est vrai, madame ; et si vous n'en êtes pas sûre, j'ai tous les torts du monde.

— J'en suis sûre parce que je dois l'être ; mais vous conviendrez que je ne pourrais pas en jurer.

— J'en conviens.

Les jours suivants, il me parut qu'elle avait tout à fait changé à mon égard. Elle ne me recevait plus en déshabillé, et je devais me morfondre à attendre que sa femme de chambre l'eût habillée avant d'être admis dans son intérieur.

Plein de dépit, je séchais, car je ne savais à quoi attribuer ce changement d'humeur auquel il me semblait n'avoir point donné le plus petit motif. Je voulais me décider à lui donner des marques ouvertes de mon mépris ; mais quand l'occasion se présentait, je n'en avais pas le courage.

Un soir, M. D. R. m'ayant demandé si j'avais été souvent amoureux : Trois fois, monseigneur, lui répondis-je.

— Et toujours heureux, n'est-ce pas ?

— Toujours malheureux. La première, peut-être parce qu'étant abbé, je n'osai point me découvrir. La seconde, parce qu'un événement cruel et imprévu me força à m'éloigner presque subitement de l'objet que j'aimais, au moment où j'allais voir couronner mes vœux. La troisième, parce que la pitié que j'ai inspirée à la personne qui m'avait enflammé lui a fait venir l'envie de me guérir de ma passion, au lieu de me rendre heureux.

— Et quels spécifiques a-t-elle employés pour cela ?

— Elle a cessé d'être aimable.

— J'entends ; elle vous a maltraité : et vous appelez cela de la pitié ? Vous vous trompez.

— Certainement, dit madame ; on a pitié de quelqu'un qu'on aime ; et on ne veut pas le guérir en le rendant malheureux. Cette femme-là ne vous a jamais aimé.

— Je ne veux pas le croire, madame.

— Mais êtes-vous guéri ?

— Parfaitement ; car lorsqu'il m'arrive de penser à elle, je me trouve froid et indifférent ; mais ma convalescence a été longue.

— Elle a duré, je pense, jusqu'à ce que vous soyez devenu amoureux d'une autre ?

— D'une autre, madame ? Je croyais vous avoir dit que ma troisième avait été la dernière.

A peu de jours de là, M. D. R. me dit que M$^{me}$ F. était indisposée, qu'il ne pouvait pas lui aller tenir compagnie, mais que je devais y aller, certain que cela lui ferait beaucoup de plaisir. J'obéis, et je rends mot à mot le compliment de M. D. R. M$^{me}$ F. était couchée sur son sofa ; elle me répondit, sans me regarder, qu'elle croyait avoir la fièvre et qu'elle ne m'engageait pas à rester, persuadée que je m'ennuierais.

— Je ne saurais m'ennuyer auprès de vous, madame ; d'ailleurs je ne puis m'en aller que par votre ordre absolu, et dans ce cas j'irai passer ces quatre heures à votre antichambre, car M. D. R. m'a dit de l'attendre ici.

— Dans ce cas, asseyez-vous si vous voulez.

J'étais rebuté d'une expression aussi sèche, mais je l'aimais et je ne l'avais jamais vue si belle, son indisposition animant son teint d'une manière à le rendre éblouissant. Je restai là, muet et immobile comme une statue, pendant un quart d'heure ; alors, ayant sonné sa femme de chambre, elle me pria de la laisser un instant. M'ayant fait rentrer peu de minutes après, elle me demanda ce que ma gaieté était devenue.

— Si ma gaieté a disparu, madame, ce ne peut être que par vos ordres. Rappelez-la, et vous la verrez reparaître dans toute sa vigueur à votre présence.

— Que faut-il que je fasse pour la rappeler ?

— Etre à mon égard comme vous étiez à mon retour de Casopo. Je vous déplais depuis quatre mois ; et comme je ne puis savoir pourquoi, j'en suis profondément affligé.

— Je suis toujours la même. En quoi me trouvez-vous donc changée ?

— Juste ciel ! en tout, excepté dans votre individu. Mais j'ai pris mon parti.

— Et quel est-il ?

— Celui de souffrir en silence, sans que jamais rien puisse diminuer les sentiments que vous m'avez inspirés, toujours plein du désir de vous convaincre de ma parfaite soumission, toujours attentif à vous donner de nouvelles marques de mon zèle.

— Je vous remercie ; mais je ne sais pas ce que vous pouvez souffrir en silence à cause de moi. Je m'intéresse à vous et j'écoute toujours vos aventures avec plaisir. Pour preuve, c'est que je suis très curieuse de vous entendre raconter vos trois amours.

J'invente sur-le-champ trois historiettes faites à plaisir, faisant parade de sentiments et d'amour parfaits, sans jamais effleurer la jouissance, surtout lorsque je croyais entrevoir qu'elle s'y attendait. Tantôt la délicatesse, tantôt le respect, quelquefois le devoir y mettait obstacle. Mais alors j'avais soin d'observer qu'un véritable amant n'avait pas besoin de cette condition-là pour se croire parfaitement heureux. Je voyais facilement que son imagination allait plus loin que mes récits, et je m'apercevais aussi que ma réserve lui plaisait. Je croyais la connaître assez bien pour pouvoir juger que je prenais le meilleur moyen de la mener au but où je la désirais. Elle fit une réflexion qui me toucha sensiblement, mais j'eus soin de n'en rien laisser paraître. Il s'agissait de celle des trois qui, par pitié, avait entrepris de me guérir. S'il est vrai, dit-elle, qu'elle vous aimât, il se peut qu'elle n'ait pas pensé à vous guérir, mais bien à se guérir elle-même.

Le lendemain de cette espèce de raccommodement, M. F., son époux, pria mon général D. R., de permettre que j'allasse à Butrinto, pour une excusion de trois jours, son adjudant étant dangereusement malade.

Je partis, et le quatrième jour nour ramenâmes à Corfou une grande provision de bois. Je rentrai chez M. D. R., que je trouvai seul sur la terrasse. C'était le vendredi saint. Il était pensif, et, après un instant de silence, il me tint ce discours que je n'oublierai jamais :

— M. F., dont l'adjudant mourut hier, vient de me prier de vous céder à lui jusqu'à ce qu'il ait pu s'en procurer un autre. Je lui ai répondu que je ne me crois pas en droit de disposer de vous ; qu'il devait s'adresser à vous-même, l'assurant que si vous m'en demandiez la permission, je n'y mettrais aucune difficulté, quoiqu'il me faille deux adjudants. Il ne vous en a rien dit depuis votre retour ?

— Rien, monseigneur ; il m'a remercié d'avoir été à Butrinto sur sa galère, et rien de plus.

— Il vous en parlera, sans doute : que lui direz-vous ?

— Il est tout simple que je lui dirai que je ne quitterai jamais Votre Excellence sans son ordre exprès.

— Je ne vous donnerai certainement jamais cet ordre.

Comme M. D. R. achevait ces mots, voilà M. et M^me F. qui entrent. Sachant de quoi il allait probablement être question, je me hâte de sortir. Un quart d'heure après on m'appelle, et M. F., d'un ton de confiance, me dit :

— N'est-il pas vrai, M. Casanova, que vous viendrez volontiers demeurer avec moi en qualité d'adjudant ?

— Son Excellence me donne donc congé ?

— Nullement, me dit M. D. R., mais je vous laisse l'option.

— Monseigneur, il m'est impossible d'être ingrat.

Je demeurai là, debout, décontenancé, tenant les yeux à terre, et ne cherchant pas à cacher ma mortification, qui ne pouvait être que l'effet de ma situation. Je redoutais les regards de M^me F., que je n'aurais pas voulu rencontrer pour tout l'or du monde, d'autant plus que je savais qu'elle pouvait deviner tout ce qui se passait en moi. Son mari, un instant après, dit froidement, comme un sot, qu'il était bien vrai que j'aurais un service beaucoup plus fatigant auprès de lui qu'auprès de M. D. R., et que d'ailleurs il y avait plus d'honneur à servir le gouverneur des galères qu'un simple sopracomito. J'allais répondre, lorsque madame, prenant la parole, dit d'une voix gracieuse et d'un air très aisé : M. Casanova a raison. Là-dessus, on se mit à parler d'autres choses, et je sortis pour aller réfléchir à ce qui venait de se passer.

Je finis par conclure que M. F. ne pouvait m'avoir demandé à M. D. R. qu'excité par sa femme, ou au moins qu'après avoir eu son consentement ; cela flattait à la fois mon amour et mon amour-propre. Cependant mon honneur était intéressé à ne me laisser accepter cette mutation qu'autant que j'aurais l'assurance que cela ferait plaisir à mon chef actuel. J'accepterai, me dis-je, lorsque M. D. R. me dira positivement que je lui ferai plaisir en acceptant. C'est l'affaire de M. F.

La même nuit, j'eus l'honneur de donner le bras à Mᵐᵉ F. pendant la procession qu'on fait en commémoration de la mort de J.-C., et à laquelle toute la noblesse va à pied. Je m'attendais qu'elle me dirait un mot sur l'affaire ; mais elle resta muette. Mon amour était au désespoir, et je passai la nuit sans pouvoir fermer l'œil. Je craignais que mon refus ne l'eût offensée, et cela me perçait le cœur. Le lendemain je ne pris aucune nourriture, et le soir à l'assemblée je ne dis pas un mot. Je me sentais malade, et j'allai me coucher avec une fièvre qui me força à garder le lit le premier jour de Pâques. Le lendemain, très faible, je voulais garder la chambre, quand un messager de Mᵐᵉ F. vint m'avertir qu'elle voulait me parler. Je défends au messager de dire qu'il m'avait trouvé au lit ; je me lève et me rends chez elle. J'entre dans son cabinet, pâle, défait ; et pourtant elle ne s'informe pas de ma santé, gardant un moment le silence comme pour se rappeler pourquoi elle m'avait fait appeler.

— Ah ! oui, vous savez que notre adjudant est mort et que nous avons besoin de le remplacer. Mon mari, qui vous aime, certain que M. D. R. vous laisse le maître d'accepter, s'est mis dans la tête que vous viendrez si je vous demande ce plaisir moi-même. Se trompe-t-il? Si vous voulez venir, vous aurez cette chambre-là.

Elle me montre une chambre contiguë à celle où elle couchait, et située de manière que pour la voir dans tous les coins, je n'avais pas même besoin de me mettre à ma fenêtre. M. D. R,, me dit-elle, ne vous en aimera pas moins; et comme il vous verra chaque jour chez moi, il n'oubliera point vos intérêts. Dites-moi maintenant, voulez-vous venir ou non?

— Je le voudrais, madame, mais je ne le puis.

— Vous ne le pouvez pas? C'est singulier. Asseyez-vous, et dites-moi ce qui vous empêche, quand, en acceptant, vous êtes sûr de plaire à M. D. R. comme à nous.

— Si j'en étais sûr, j'accepterais à l'instant; mais tout ce que j'ai entendu de sa bouche, c'est qu'il me laisse le maître.

— Vous craignez donc de lui faire de la peine en venant chez nous?

— Cela pourrait être, et pour rien au monde...

— Je suis sûre du contraire.

— Ayez la bonté de faire qu'il me le dise.

— Et alors vous viendrez?

— Ah! mon Dieu, à l'instant.

A cette exclamation, qui peut-être en disait trop, je détournai les yeux pour ne pas l'embarrasser. Pendant ce temps elle demanda son mantelet pour aller à la messe, et nous sortîmes. En descendant l'escalier, elle appuya sa main toute nue dans la mienne. C'était la première fois que j'obtenais cette faveur on doit deviner si j'en tirai bon augure. En quittant ma main, elle me demanda si j'avais la fièvre ; car, me dit-elle, vous avez la main brûlante.

Lorsque nous sortîmes de l'église, je lui offris ma main pour l'aider à monter dans la voiture de M. D. R., que nous rencontrâmes par hasard. Aussitôt que je l'eus quittée, je me hâtai de rentrer chez moi pour respirer en liberté et me livrer à toute la joie de mon âme ; car je ne doutais plus d'être aimé, et je ne pensais pas que M. D. R. pût rien refuser à M^{me} F. dans cette circonstance.

Qu'est-ce que c'est que l'amour ? J'ai lu bien du verbiage antique sur ce sujet, j'ai lu aussi la plupart de ce qu'en ont dit les modernes ; mais, ni tout ce qu'on en a dit, ni tout ce que je m'en suis dit moi-même, et pendant que j'étais jeune, et maintenant que je ne le suis plus, rien ne me fera avouer que l'amour soit une bagatelle ni une vanité. C'est une espèce de folie, oui, mais sur laquelle la philosophie n'a aucun pouvoir ; c'est une maladie à laquelle l'homme est sujet à tout âge, et qui est incurable si elle l'atteint dans la vieillesse. Amour, être, sentiment indéfinissable ! dieu de la nature ! douce amertume ! amertume cruelle ! Amour ! monstre charmant qu'on ne peut définir, et qui, au milieu de mille peines que tu répands sur la vie, sèmes l'existence de tant de plaisirs que, sans toi, l'être et le néant seraient unis et confondus.

Le surlendemain, M. D. R. me dit d'aller prendre les ordres de M. F. sur sa galère, qui allait mettre à la voile pour cinq ou six jours. Je vais vite faire mon paquet, et puis je me rends auprès de mon nouveau chef, qui me reçut fort bien, et nous partîmes sans voir madame, qui dormait encore. Cinq jours après, nous rentrâmes dans le port, et j'allai m'établir dans ma chère nouvelle demeure ; car, au moment où je me disposais à me rendre auprès de M. D. R. pour lui demander ses ordres, il se présenta lui-même, et, après avoir demandé à M. F. s'il avait été content de moi et m'avoir fait la même question par rapport à M. F., il me dit : Casanova, puisque vous êtes contents l'un de l'autre, vous pouvez être persuadé que vous me faites un véritable plaisir en demeurant au service de M. F. Je me soumis respectueusement, et en moins d'une heure je me trouvai établi en pied dans ma nouvelle sphère. M<sup>me</sup> F. me dit qu'elle était ravie que cette grande affaire fût enfin terminée selon ses désirs. Je lui répondis par une profonde révérence. Me voilà enfin, comme la salamandre, dans le feu où je désirais être.

Presque toujours sous les yeux de madame, dînant souvent en tête à tête avec elle, l'accompagnant souvent à la promenade, seul quand M. D. R. n'était pas des nôtres, la voyant de ma chambre, même quand j'écrivais, ou m'entretenant avec elle dans la sienne, toujours soumis et attentif sans avoir la moindre prétention, je passai ainsi les quinze premiers jours sans que ce rapprochement apportât aucun changement à notre manière d'être réciproque. Cependant j'espérais, et, pour ranimer mon courage, je me figurais que l'amour n'était pas encore assez fort pour vaincre son orgueil. J'attendais tout de l'occasion, que je me proposais bien de saisir dès qu'elle se présentait, car j'étais persuadé qu'un amant qui ne saisit pas la fortune par le toupet est perdu.

Ce qui me déplaisait, c'était qu'en public elle semblait s'étudier à me prodiguer les distinctions, tandis qu'en particulier elle en paraissait avare. J'avais tout l'air d'être heureux aux yeux du monde ; mais j'aurais voulu le paraître moins et l'être réellement un peu plus. Mon amour pour elle était pur ; la vanité ne s'en mêlait pas.

Un jour que j'étais seul avec elle, elle me dit :

— Vous avez des ennemis ; mais hier soir je les ai forcés au silence.

— Ce sont des envieux, madame, auxquels je ferais pitié s'ils étaient dans le secret de mon cœur, et dont vous pourriez facilement me délivrer.

— Comment leur feriez-vous pitié, je vous prie, et moi comment pourrais-je vous en délivrer ?

— Ils me croient heureux et je languis, et vous m'en délivreriez si vous me traitiez mal.

— Vous seriez donc moins sensible à mes mauvais traitements qu'à l'envie des méchants ?

— Oui, madame, pourvu que les mauvais traitements publics fussent compensés par vos bontés en particulier, car, dans le bonheur que j'ai de vous appartenir, je ne me sens animé par aucun sentiment de vanité. Qu'on me plaigne, je serai heureux, pourvu qu'on se trompe.

— C'est un rôle que je ne saurai jamais jouer.

J'avais souvent l'indiscrétion de me tenir derrière le rideau de la fenêtre de ma chambre pour la regarder à loisir lorsqu'elle devait se croire sûre de n'être vue par personne ; mais, dans cette position, les larcins que je faisais étaient bien insignifiants ; car, soit qu'elle se doutât que je la voyais, soit qu'elle le fît par habitude, tout était si mesuré que, lors même que je la voyais dans son lit, mon bonheur n'allait pas au delà de sa charmante tête.

Un jour que sa femme de chambre lui épointait ses longs et beaux cheveux en ma présence, je m'amusais à ramasser toutes ces jolies petites rognures, et je les posais au fur et à mesure sur sa toilette, à l'exception d'une petite mèche que je mis dans ma poche, pensant qu'elle n'y aurait pas pris garde; mais aussitôt que nous fûmes seuls elle me dit avec douceur, mais un peu trop sérieusement, de tirer de ma poche les cheveux que j'avais ramassés. Trouvant cela trop fort, une rigueur pareille me paraissant aussi cruelle qu'injuste et déplacée, j'obéis, mais je jetai les cheveux sur sa toilette de l'air le plus dédaigneux.

— Monsieur, vous vous oubliez.

— Non, madame; car vous auriez pu faire semblant de ne vous être point aperçue de cet innocent larcin.

— On se gêne à faire semblant.

— Que pouviez-vous soupçonner de si noir dans mon âme pour un vol aussi puéril?

— Rien de noir, mais des sentiments qu'il ne vous est point permis d'avoir pour moi.

— Des sentiments auxquels vous ne pouvez point répondre, madame, mais qui ne peuvent m'être défendus que par la haine ou l'orgueil. Si vous aviez un cœur, vous ne seriez victime ni de l'un ni de l'autre; mais vous n'avez que de l'esprit, et il doit être méchant par le soin qu'il met à m'humilier. Vous avez surpris mon secret, madame; vous en ferez tel usage que bon vous en semblera, mais en revanche j'ai appris à vous bien connaître. Cette connaissance me sera utile plus que votre découverte, car je deviendrai sage peut-être.

Après cette incartade, je sors; et ne m'entendant pas rappeler, je vais m'enfermer dans ma chambre, et, dans l'espoir de me calmer par le sommeil, je me déshabille et me mets au lit. Dans ces sortes de moments, un amoureux trouve détestable l'objet qu'il aime : son amour, changé en dépit, ne distille plus que la haine et le mépris. Il me fut impossible de m'endormir ; et quand on vint me chercher pour souper, je fis dire que j'étais malade. La nuit se passa sans que je fermasse l'œil ; et me sentant abattu, je résolus de voir ce que ce serait, et je refusai d'aller dîner disant toujours que j'étais malade. Le soir je sentis mon cœur palpiter d'aise lorsque j'entendis ma belle dame entrer dans ma chambre. L'inquiétude, la diète et l'insomnie me donnaient réellement l'air malade, et j'en étais ravi. Je me débarrassai bientôt de sa visite en lui disant d'un air d'indifférence que ce n'était qu'un violent mal de tête auquel j'étais sujet, et que la diète et le repos ne tarderaient pas à me guérir.

Vers les onze heures, voilà de nouveau madame et son ami M. D. R. qui entrent dans ma chambre. S'approchant affectueusement de mon lit :

— Qu'avez-vous, mon pauvre Casanova ? me dit-elle.

— Un grand mal de tête, madame, dont je serai guéri demain.

— Pourquoi voulez-vous attendre à demain ? Il faut vous guérir de suite. Je vous ai ordonné un bouillon et deux œufs frais.

— Rien, madame ; la diète seule peut me guérir.

— Il a raison, dit M. D. R. ; je connais cette maladie.

Je branlai légèrement la tête.

M. D. R. s'étant mis à considérer une estampe, elle saisit ma main en me disant qu'elle serait charmée de me voir prendre un bouillon ; et, en la retirant, je sentis qu'elle me laissait un petit paquet, ensuite elle alla examiner l'estampe avec M. D. R.

J'ouvre le paquet, je sens des cheveux ; je m'empresse de les cacher sous la couverture ; mais en même temps je me sens monter le sang à la tête d'une manière qui m'effraie. Je demande de l'eau : elle s'approche avec M. D. R., et ils sont effrayés de me voir ainsi enflammé, tandis qu'ils venaient de me voir pâle et défait. Elle me donna un verre d'eau, dans laquelle elle mêla de l'eau des Carmes, ce qui provoqua à la minute un vomissement violent. Un instant après je me trouve mieux, et je demande à manger. Elle sourit. La femme de chambre entre avec le bouillon et les œufs, et, tout en prenant ce restaurant, je leur conte l'histoire de Pandolfin. M. D. R. croyait voir un miracle, et je lisais sur les traits de cette femme adorable, l'amour, l'amitié et le repentir. Sans la présence de M. D. R., c'eût été le moment de mon bonheur ; mais je me voyais certain qu'il n'était pas différé. M. D. R. dit à M<sup>me</sup> F. que, s'il ne m'avait pas vu vomir, il aurait cru que ma maladie était feinte ; car, selon lui, il n'était pas possible de passer si rapidement de la tristesse à la gaieté.

— C'est la vertu de mon eau, dit madame en me regardant, et je vais vous laisser mon flacon.

— Non, madame, daignez l'emporter ; car, sans votre présence, votre eau serait sans vertu.

— Et je le crois aussi, dit monsieur ; ainsi je vous laisse ici avec le malade.

— Non, non, dit-elle ; il faut le laisser dormir.

Je dormis en effet toute la nuit, mais avec elle, en songe, et la réalité n'aurait pu rien ajouter à mes jouissances du moment. Je me trouvais très avancé, car trente-quatre heures de diète me donnaient le droit de lui parler d'amour ouvertement, et le don de ses cheveux était un aveu irréfragable de sa part.

Le lendemain, après avoir souhaité le bonjour à M. F., j'allai jaser un moment avec la femme de chambre, en attendant qu'il fît jour chez madame. J'eus le plaisir de l'entendre rire quand elle sut que j'étais là. Elle me fit entrer, et, sans me laisser le temps de lui dire un mot, elle me dit qu'elle était ravie de me voir bien portant, et que je devais aller souhaiter le bonjour à M. D. R.

Ce n'est pas seulement aux yeux d'un amant qu'une belle femme est mille fois plus ravissante au moment où elle sort des bras du sommeil qu'en sortant de sa toilette, mais bien aux yeux de tout homme qui la voit en cet état. M<sup>me</sup> F. dans cet instant m'inonda de plus de rayons que n'en répand le soleil quand il se montre après l'aurore. Malgré cela la femme la plus belle est attachée à sa toilette tout comme celle qui ne saurait s'en passer ; car plus on a et plus on veut avoir.

Dans l'ordre que me donna M<sup>me</sup> F., je vis un nouveau motif de certitude d'un bonheur prochain ; car, en me renvoyant, me disais-je, elle a voulu se mettre à l'abri des exigences que j'aurais pu avoir et qu'elle aurait dû satisfaire.

Riche de ses cheveux, j'ai consulté mon amour pour savoir ce que je devais en faire ; car, voulant réparer l'avarice sentimentale qu'elle m'avait montrée en m'obligeant à remettre les petites rognures, elle m'en avait donné une mèche suffisante pour en faire une tresse. Ils avaient une aune et demie de longueur. M'étant fixé sur l'emploi, j'allai chez un confiturier juif dont la fille était bonne brodeuse et je me fis broder devant moi, sur un bracelet de satin vert, les quatre lettres initiales de nos noms ; ensuite elle me fit du reste un cordon très mince. A l'un des bouts je fis mettre un ruban noir formant lacet, et qui aurait pu me servir à m'étrangler si jamais l'amour m'avait réduit au désespoir. Je m'en fis un collier. Ne voulant rien perdre d'un bien si précieux, je coupe avec des ciseaux ce qui me restait des cheveux, j'en fais une poudre très menue, et j'engage le confiseur à les mêler en ma présence dans une pâte d'ambre, de sucre, de vanille, d'angélique, d'alkermès et de styrax ; et j'attendis que les dragées résultant de ce mélange fussent faites avant de m'en aller. J'en fis faire de pareilles avec les mêmes ingrédients, à l'exception des cheveux, et je mis les premières dans une belle bonbonnière de cristal de roche et les secondes dans une boîte d'écaille.

Depuis que, par le don de ses cheveux, elle m'avait mis dans le secret de son cœur, je ne m'amusais plus à lui faire des contes ; je ne l'entretenais plus que de ma passion et de mes désirs : je lui disais qu'elle devait ou me bannir de sa présence ou me rendre heureux ; mais la cruelle n'en convenait pas. Elle me disait que nous ne pouvions être heureux qu'en nous abstenant de violer nos devoirs. Quand je me jetais à ses pieds pour obtenir d'avance le pardon des violences que je voulais lui faire, elle me repoussait par une force bien supérieure à celle d'un Alcide femelle ; car elle me disait avec une voix pleine d'amour et de sentiment : Mon ami, je ne vous supplie pas de respecter ma faiblesse, mais daignez m'épargner en faveur de l'amour que j'ai pour vous. — Quoi ! lui disais-je, vous m'aimez et vous ne vous déterminerez jamais à me rendre heureux ! Ce n'est ni croyable ni naturel. Nous me forcez à croire que vous ne m'aimez pas. Laissez-moi un instant coller mes lèvres sur les vôtres : je ne vous demande pas davantage. — Non, mon ami, non, me disait-elle ; car cela ne ferait qu'enflammer vos désirs, ébranler mes résolutions, et nous nous trouverions encore plus malheureux.

Elle me mettait ainsi chaque jour au désespoir ; et ensuite elle se plaignait qu'on ne me trouvât plus en société cet esprit, cet enjouement qui lui avaient tant plu à mon arrivée à Constantinople ; et M. D. R. qui, souvent par esprit de gentillesse, me faisait la guerre, me disait que je maigrissais à vue d'œil. Un jour M^me F. me dit que cela lui déplaisait ; car les méchants, en observant la chose, pourraient peut-être juger qu'elle me traitait mal. Pensée singulière et qui semble hors de nature ! J'en fis une idylle que je ne lis pas encore aujourd'hui sans sentir ma paupière humide.

— Comment ! lui dis-je, vous reconnaissez votre cruauté à mon égard ? Lorsque vous craignez que le monde ne devine vos rigueurs, vous vous plaisez à y persister ! Vous me faites endurer tous les tourments d'un Tantale ! Vous seriez enchantée de me voir gai, rayonnant, lors même qu'on jugerait que c'est par les bontés que vous seriez censée avoir pour moi, et vous me refusez les plus légères faveurs.

— Qu'on le croie, pourvu que ce ne soit pas vrai.

— Quel contraste ? Serait-il possible que je ne vous aimasse pas, que vous ne sentissiez rien pour moi ? Ces contradictions me semblent hors de nature. Mais vous maigrissez aussi, et moi je me meurs. Voici ce qui nous arrivera immanquablement : nous mourrons avant longtemps, vous de consomption, moi d'épuisement ; car je suis réduit à jouir de votre fantôme le jour, la nuit et toujours, partout, excepté quand je suis en votre présence.

A cette déclaration, faite avec l'accent de la passion je la vis étonnée, attendrie, et je crus le moment du bonheur arrivé. Je la saisis entre mes bras, et déjà je me procurais les prémices... La sentinelle frappa deux coups. Quel funeste contre-temps ! Je me remets, me mettant debout devant elle... M. D. R. paraît, et pour cette fois il me trouva de si belle humeur, qu'il resta avec nous jusqu'à une heure après minuit.

Mes dragées commençaient à faire du bruit. M. D. R., M^me F. et moi étions les seuls qui en eussions la bonbonnière pleine. J'en étais avare, et personne n'osait m'en demander, parce que j'avais dit qu'elles coûtaient cher et qu'il n'y avait pas à Corfou de confiseur capable de les imiter, ni de physicien en état d'en faire l'analyse. Je n'en donnais surtout à personne de ma boîte de cristal, et M^me F. l'avait fort bien observé. Je ne les croyais certainement pas un philtre amoureux, et j'étais loin de supposer que les cheveux pussent les rendre plus exquises : mais une superstition amoureuse me les faisait chérir et je jouissais en pensant que je m'identifiais à quelques parcelles de l'être que j'adorais.

M^me F., par une certaine sympathie sans doute, en était folle. Elle soutenait à tout le monde que c'était un remède universel, et sachant être maîtresse de l'auteur, elle ne s'enquérait pas du secret de leur composition ; mais, ayant observé que je n'en donnais que de celles qui étaient dans la bonbonnière d'écaille et que je n'en mangeais que de celle de cristal, elle m'en demanda un jour la raison. Sans y réfléchir, je lui dis que, dans celles que je mangeais, il y avait quelque chose qui forçait à l'aimer.

— Je n'en crois rien ; mais elles sont donc différentes de celles que je mange moi-même?

— Elles sont pareilles, à cela près que l'ingrédient qui force à vous chérir n'est que dans les miennes.

— Dites-moi ce que c'est que cet ingrédient.

— C'est un secret que je ne puis vous révéler.

— Et moi je ne mangerai plus de vos dragées.

— En disant cela, elle se lève, vide sa bonbonnière et la remplit de diablotins ; puis elle boude, et continue les jours suivants, évitant de se trouver seule avec moi. Cela me chagrinant, je deviens triste, mais je ne puis me résoudre à lui dire que je mange de ses cheveux.

Quatre ou cinq jours après, elle me demanda pourquoi j'étais triste.

— Parce que vous ne mangez plus de mes dragées.

— Vous êtes le maître de votre secret et moi de manger ce que je veux.

— Voilà ce que j'ai gagné à vous faire une confidence.

En disant cela, j'ouvre ma bonbonnière de cristal et je la vide tout entière dans ma bouche en disant : Encore deux fois, et je mourrai fou d'amour pour vous. Alors vous vous trouverez vengée de ma réserve. Adieu, madame.

Elle me rappelle, me fait asseoir auprès d'elle en me disant de ne pas faire des folies qui la chagrineraient ; car je savais qu'elle m'aimait, et je devais bien savoir qu'elle ne croyait pas que ce fût par la vertu de quelque drogue. Pour vous rendre certain que vous n'en avez pas besoin pour être aimé, voici un gage de ma tendresse. Elle approche sa belle bouche, et j'y colle la mienne jusqu'à ce que j'aie été forcé de la quitter pour respirer. Je me jette alors à ses pieds, les yeux mouillés de larmes de tendresse et de reconnaissance, et je lui dis que, si elle me promet de me pardonner, je vais lui avouer mon crime.

— Crime ? Vous m'effrayez. Je vous pardonne. Dites-moi vite tout.

— Tout. Mes dragées renferment vos cheveux réduits en poudre. Voici à mon bras ce bracelet où nos noms sont tracés avec vos cheveux, et voici à mon cou ce cordon avec lequel je veux cesser de respirer quand vous ne m'aimerez plus. Tels sont mes crimes et je n'en aurais pas commis un seul si je ne vous adorais.

Elle rit, me relève et me dit qu'effectivement j'étais le plus criminel des hommes. Elle essuya mes larmes en m'assurant que je ne m'étranglerais jamais.

Après cette conversation, ayant savouré le nectar du premier baiser de ma divinité, j'eus la force de me régler à son égard d'une façon toute différente. Elle me voyait ardent, elle était peut-être brûlante et j'avais la force de m'abstenir de toute attaque. D'où vient, me dit-elle un jour, que vous avez trouvé la force de vous dominer ?

— Après le tendre baiser que vous m'avez accordé de votre plein gré, j'ai senti que je ne devais aspirer rien qu'à ce que votre cœur vous portera à m'accorder de même. Vous ne sauriez vous figurer la douceur que ce baiser m'a procurée !

— Pourrais-je l'ignorer, ingrat ? Qui de nous deux a procuré cette douceur ?

— Ni vous ni moi, femme adorable ! Il fut le produit de l'amour, ce baiser si tendre et si doux !

— Oui, mon ami, l'amour, dont les trésors sont inépuisables.

Elle n'avait pas achevé, que nos lèvres étaient occupées à l'unisson. Elle me tenait si fortement contre son sein, que je ne pouvais faire agir mes mains pour me procurer d'autres jouissances ; mais je me sentais heureux. A la fin de cette charmante lutte ; je lui demandai si elle croyait que nous en resterions toujours là ?

— Toujours, mon ami, et jamais davantage. L'amour est un enfant qu'on doit apaiser par des badinages : une nourriture trop forte ne peut que le faire mourir.

— Je le connais mieux que vous. Il veut une nourriture substantielle ; et quand on s'obstine à la lui refuser, il sèche. Ne me refusez pas la douceur d'espérer.

— Espérez si vous y trouvez votre compte.

— Que ferais-je sans cela ? J'espère, car je sais que vous avez un cœur.

— A propos ! vous souvenez-vous du jour où dans votre colère, vous me dites que je n'avais que de l'esprit, croyant me dire une grosse injure ?

— Oh ! oui.

— Que je ris de bon cœur dès que j'eus réfléchi ! Oui, mon ami, j'ai un cœur, et sans lui maintenant je ne me trouverais pas heureuse. Maintenons-nous dans notre bonheur actuel, et sachons être contents sans désirer davantage.

Soumis à ses lois, mais chaque jour plus amoureux, j'espérais que la nature, à la longue, toujours plus puissante que les préjugés, amènerait une crise heureuse. Mais, outre la nature, la fortune aussi m'aida à parvenir. J'en eus l'obligation à un malheur.

. Un jour qu'elle se promenait dans un jardin, appuyée sur le bras de M. D. R., elle s'accrocha à un buisson de roses sauvages et se fit une profonde écorchure au bas de la jambe. M. D. R. lui serra d'abord la blessure avec son mouchoir, afin d'arrêter le sang qui en sortait avec abondance et on fut obligé de la porter à la maison sur un palanquin.

A Corfou, les blessures aux jambes sont dangereuses quand on ne les soigne pas bien, et souvent, pour les faire cicatriser, on est obligé de s'en éloigner.

Obligée de garder le lit, mon heureux emploi me condamna à rester constamment à ses ordres. Je la voyais à chaque instant ; mais les trois premiers jours, les visites se succédèrent sans interruption, et je ne fus jamais seul avec elle. Le soir, quand tout le monde avait disparu, que son mari s'était retiré, M. D. R. restait encore une heure, et alors la décence exigeait que je la quitasse quand ce dernier sortait. Je me trouvais beaucoup plus à l'aise avant l'accident, et je le lui dis d'un ton moitié gai, moitié triste ; le lendemain, elle me procura un moment heureux pour me dédommager.

Un vieil Esculape venait tous les matins au point du jour pour la panser, et alors il n'y avait de présent que sa femme de chambre ; mais je me rendais en négligé chez cette fille pour être le premier à savoir comment ma divinité se portait.

Ce jour-là la femme de chambre vint me dire d'entrer au moment où le chirurgien la pansait.

— Voyez, je vous prie, si ma jambe est moins rouge.

— Pour pouvoir le dire, madame, il faudrait que je l'eusse vue hier.

— C'est vrai. J'ai des douleurs, et je crains l'érésipèle.

— Ne craignez rien, madame, dit le docteur, gardez le lit, et je suis sûr de vous guérir.

Le chirurgien étant alors occupé près de la fenêtre à préparer un cataplasme, et la femme de chambre étant sortie, je lui demandai si elle sentait de la dureté dans le gras de la jambe et si la rougeur montait en sillonnant plus haut ; il était naturel que j'accompagnasse ces questions de mes mains et de mes yeux... Je ne vis ni rougeurs ni dureté ; mais... et la tendre malade s'empressa, d'un air riant, de baisser la toile en me laissant prendre un tendre baiser, dont, depuis quatre jours, je ne savourais plus la douceur. Fureur d'amour, délire plein de charmes ! De ses lèvres je descendis à sa blessure, et, persuadé dans cet instant que mes baisers devaient être le meilleur spécifique, j'aurais continué, si le bruit que fit la femme de chambre en rentrant ne m'avait contraint de cesser.

Resté seul avec elle et brûlant de désirs, je la conjurai de faire au moins le bonheur de mes yeux.

— Je me sens humilié, lui dis-je, en pensant que le bonheur dont je viens de jouir n'est qu'un vol.

— Mais si tu te trompes ?

Le lendemain, j'assistai de même au pansement ; mais, dès que le chirurgien fut parti, elle me pria de lui arranger ses coussins, ce que je fis à l'instant. Elle, comme pour me faciliter cette agréable besogne souleva la couverture afin de s'appuyer et me facilita ainsi la vue d'une foule de beautés dont mes yeux s'enivraient, et je prolongeais l'occupation sans qu'elle trouvât que j'allasse trop lentement.

Quand j'eus fini, je n'en pouvais plus, et je me jetai dans un fauteuil en face d'elle, absorbé dans une sorte de recueillement. Je contemplais cet être ravissant qui, sans art apparent, ne me procurait jamais un plaisir que pour m'en accorder un plus grand, sans jamais arriver au but.

— A quoi pensez-vous ? me dit-elle.

— Au bonheur suprême dont je viens de jouir.

— Vous êtes un homme cruel.

— Non, je ne suis pas cruel ; car, puisque vous m'aimez, vous ne devez pas rougir d'être indulgente. Songez aussi que, pour vous aimer passionnément, il ne faut pas que je croie que c'est par suprise que j'ai joui d'une vue ravissante ; car si ce n'était que par hasard, je serais forcé d'admettre que tout autre à ma place aurait eu le même bonheur, et cette idée ferait mon supplice. Laissez-moi vous devoir la douce reconnaissance de m'avoir appris ce matin combien je puis être heureux par un seul de mes sens. Pouvez-vous être fâchée contre mes yeux ?

— Oui.

— Ils sont à vous ; arrachez-les-moi.

Le jour suivant, dès que le docteur fut parti, elle envoya sa femme de chambre faire quelques emplettes.

— Ah ! me dit-elle quelques instants après, elle a oublié de me passer ma chemise.

— Hélas ! souffrez que je la remplace.

— Oui, mais songe que je ne permets qu'à tes yeux d'être de la partie.

— J'y consens.

Elle se délace, ôte son corset et sa chemise, en me disant de lui passer vite la blanche ; mais comme j'étais trop occupé de tout ce que je voyais, et que je n'allais pas vite :

— Passe-moi donc ma chemise, me dit-elle, elle est sur la petite table.

— Où ?

— Là, au pied du lit. Je la prendrai moi-même.

Se penchant alors vers la table, elle découvre la presque totalité de tout ce que je désirais, et, se relevant lentement, elle me donne la chemise, que je ne pouvais tenir, tant je frissonnais de bonheur. Elle a pitié de moi ; me mains partagent le bonheur de mes yeux ; je tombe entre ses bras, nos lèvres se confondent ; et tous deux, dans une voluptueuse pression, nous éprouvons une défaillance amoureuse insuffisante pour nos désirs, mais assez douce pour les tromper un moment.

Plus maîtresse d'elle-même qu'on ne l'est d'ordinaire en pareille circonstance, elle eut soin de ne me laisser parvenir qu'au parvis du temple, l'entrée du sanctuaire ne devant pas être encore mon partage.

# VIII

## La jeune comtesse

Au commencement du mois d'octobre de 1746, les théâtres étant ouverts, je me promenais en masque, quand j'aperçus une figure de femme enveloppée dans le capuchon de son mantelet, sortant du coche de Ferrare, qui venait d'arriver. La voyant seule, observant sa démarche incertaine, je me sens poussé vers elle comme par une puissance occulte. Je m'approche, et je lui offre mes services si elle est dans le cas d'en avoir besoin.

Elle me répond d'une voix timide qu'elle aurait besoin de quelques renseignements.

— Nous ne sommes pas ici en lieu convenable, lui dis-je ; mais daignez me suivre dans une malvoisie où vous pourrez me parler en liberté.

Elle hésite ; j'insiste, elle cède. Le magasin n'était pas à vingt pas de là ; nous y entrons, et nous voilà assis tête à tête. Je me démasque, et la politesse l'oblige à ôter son capuchon. Une énorme coiffe de mousseline lui cache la moitié du visage ; mais ses yeux, son nez et sa jolie bouche me suffirent pour discerner sur ses traits la beauté, la noblesse, la douceur, et cette candeur de la vertu qui donne un charme indéfinissable à la jeunesse. Il est inutile de dire que cette lettre de recommandation lui captiva de suite tout l'intérêt dont j'étais susceptible. Après avoir essuyé quelques larmes qui se faisaient jour comme à son insu, elle me dit qu'elle était fille de condition, qu'elle s'était enfuie de la maison paternelle, seule à la garde de Dieu, pour rejoindre un Vénitien qui, ayant su la séduire, l'avait trompée en la rendant malheureuse pour le reste de ses jours.

— Vous avez donc quelque espérance de le rappeler au devoir, et j'imagine qu'il vous a promis sa main ?

— Il m'a donné sa foi par écrit. La seule grâce que je vous demande, c'est de me conduire chez lui, de m'y laisser et d'être discret.

— Comptez, madame, sur les sentiments d'un homme d'honneur. Je le suis ; fiez-vous à moi, car je m'intéresse déjà à tout ce qui vous regarde. Dites-moi son nom.

— Hélas ! monsieur, je me livre à ma destinée.

En disant ces mots, elle tire de son sein un papier qu'elle me remet : je reconnais l'écriture de Zanetto Steffani. C'était une promesse de mariage par laquelle il donnait sa parole d'épouser à Venise, dans la huitaine, la jeune comtesse A. S. Après avoir lu l'écrit, je le lui rends en lui disant que je connaissais parfaitement celui qui l'avait fait, qu'il était attaché à la chancellerie, grand libertin, chargé de dettes, mais qu'il serait riche à la mort de sa mère.

— Daignez, de grâce, me conduire chez lui.

— Je ferai, mademoiselle, tout ce que vous m'ordonnerez ; mais ayez pleine confiance en moi, et daignez m'écouter. Je vous conseille de ne pas aller chez lui. Il vous a déjà fait un grand outrage, et, en supposant que vous le trouviez chez lui, il est très possible qu'il s'abaisse jusqu'à vous mal recevoir ; s'il n'y est pas, il est probable que vous serez mal reçue par sa mère, si vous vous faites connaître. Fiez-vous à moi, et croyez que Dieu m'a fait trouver sur votre passage pour vous servir de refuge. Je vous promets que demain, au plus tard, vous saurez si Steffani est à Venise, ce qu'il pense faire de vous et ce qu'on pourra l'obliger à faire. Avant cela, mon avis est que ce jeune homme ignore que vous êtes à Venise.

— Grand Dieu ! où irai-je cette nuit ?

— Dans une maison respectable.

— Chez vous, si vous êtes marié.

— Je suis garçon.

Je connaissais une honnête veuve qui demeurait dans une rue impasse et qui avait deux chambres garnies. Je la persuade de s'abandonner à ma conduite ; nous montons dans une gondole et nous partons. Chemin faisant, elle me dit qu'il y avait un mois que Steffani s'était arrêté dans son endroit pour faire réparer sa voiture, et que le même jour il avait fait sa connaissance dans une maison où elle était allée avec sa mère pour complimenter une nouvelle mariée.

— J'eus le malheur, dit-elle, de lui inspirer de l'amour, et il ne pensa plus à partir. Il resta un mois à C., ne sortant jamais que le soir : il passait toutes les nuits sous mes fenêtres à s'entretenir avec moi. Il me jura mille fois qu'il m'adorait, que ses intentions étaient pures. Je lui disais de se faire connaître à mes parents, de me demander en mariage ; mais il alléguait des raisons bonnes ou mauvaises, m'assurant qu'il ne pourrait être heureux qu'autant que je lui montrerais une confiance entière. Je devais me décider à partir avec lui à l'insu de tout le monde, m'assurant que mon honneur n'en souffrirait pas, puisque trois jours après mon évasion toute la ville saurait que j'étais sa femme ; et il me promettait de me reconduire publiquement comme telle. Hélas ! monsieur, que vous dirai-je ? L'amour m'aveugla ; je tombai dans le précipice : je le crus ; je consentis à tout. Il me remit l'écrit que vous avez lu, et la nuit suivante je lui permis de pénétrer dans ma chambre par la fenêtre d'où je lui parlais. Je consentais à un crime qui devait être effacé dans trois jours, et il me quitta en me jurant que la nuit suivante il viendrait sous la même fenêtre me recevoir dans ses bras. Etait-il vraisemblable que j'en doutasse après l'énorme faute que je venais de faire ? Je fis mon paquet, et la nuit suivante je l'attendis, mais en vain. Quelle nuit cruelle ! Le lendemain j'appris que le monstre était parti avec son domestique, une heure après avoir consommé ma honte. Figurez-vous mon désespoir ! Je pris le parti qu'il me suggéra et qui ne pouvait être que mauvais. Une heure avant minuit je quittai seule le toit paternel, achevant ainsi de me déshonorer, mais déterminée à mourir si l'homme cruel qui m'avait ravi ce que j'avais de plus cher, et que l'instinct m'a fait espérer de trouver ici, ne me rend un bien que lui seul peut me rendre. J'ai marché à pied toute la nuit et presque tout le jour suivant, sans prendre aucune nourriture, jusqu'avant d'entrer dans le coche qui m'a transportée ici en vingt-quatre heures. Il y avait dans la barque cinq hommes et deux femmes, mais personne n'a vu ma figure ni entendu le son de ma voix. Je me suis constamment tenue assise, la tête baissée et à demi assoupie, tenant toujours entre mes mains ce livre de prières. On m'a laissée tranquille ; personne ne m'a adressé la parole, et j'en ai remercié Dieu. Descendue à peine sur le quai, vous ne m'avez pas laissé le temps de penser comment je pourrais me diriger vers la maison de mon perfide séducteur ; mais vous pouvez vous figurer l'impression qu'a dû faire sur moi l'apparition d'un homme masqué qui, de prime abord, comme si la Providence l'eût placé là à dessein, vint m'offrir ses services ; il m'a semblé que vous deviniez ma détresse ; et, loin d'éprouver aucune répugnance, je me suis sentie portée à répondre à vos offres en me confiant à vous, malgré la maxime de la prudence qui aurait dû me rendre sourde à votre langage et à l'invitation d'entrer seule avec vous dans la maison où vous m'avez menée.

Vous savez tout maintenant, monsieur ; mais je vous prie de ne pas me juger trop sévèrement. J'ai été sage toute ma vie : il y a un mois que mon front n'avait à rougir d'aucune faute ; et les larmes cruelles que je verse chaque jour me serviront à effacer ma tache auprès de Dieu. J'ai reçu une éducation soignée ; mais l'amour et le défaut d'expérience m'ont précipitée dans le gouffre. Je suis entre vos mains, et je ne sens pas que je doive jamais me repentir de m'y être mise.

J'avais besoin de tout ce qu'elle venait de me dire pour me confirmer dans l'intérêt qu'elle m'avait inspiré. Je lui dis cruellement que Steffani l'avait séduite et trompée avec préméditation, qu'elle ne devait se le rappeler que pour tirer vengeance de sa perfidie. Ces mots la firent frissonner ; elle cacha son beau visage dans ses mains.

Arrivés chez la veuve, je l'établis dans une jolie chambre et je lui ordonnai un petit souper, recommandant à la bonne femme d'avoir pour elle toutes les attentions et de ne la laisser manquer de rien. Un instant après, je pris affectueusement congé d'elle en lui promettant de la revoir le lendemain matin.

En quittant cette intéressante infortunée, je me rendis chez Steffani. J'appris d'un des gondoliers de sa mère qu'il était revenu à Venise il y avait trois jours, mais que vingt-quatre heures après il en était reparti seul, et que personne ne savait où il était allé, pas même sa propre mère. Le même soir, me trouvant au théâtre à côté d'un abbé bolonais, je m'informai de la famille de ma malheureuse protégée ; et, comme il se trouvait que cet abbé la connaissait particulièrement, j'en appris tout ce qu'il m'importait de savoir, entre autres que la jeune comtesse avait un frère, officier au service du pape.

Le lendemain de grand matin je me rendis chez elle. Elle dormait encore. La veuve me dit qu'elle avait assez bien soupé sans lui dire un mot, et qu'aussitôt après elle s'était enfermée. Dès qu'elle se fit entendre, j'entrai ; et, coupant court à toutes ses excuses, je lui communiquai tout ce que j'avais appris.

Ses traits portaient l'empreinte d'une profonde tristesse, mais, du reste, son teint était légèrement coloré et avait l'air plus calme. Il n'est pas vraisemblable, me dit-elle, que Steffani soit reparti sans retourner à C. Trouvant cette réflexion très-naturelle dans sa situation, je m'empresse de lui offrir de me rendre de suite chez elle pour m'assurer de la vérité, et revenir la chercher sans retard si ses pressentiments étaient fondés. Ensuite, avant de lui donner le temps de me répondre, je lui conte tout ce que j'avais appris de son honorable famille, ce qui lui causa une extrême joie. Je ne m'oppose point, me dit-elle, à ce que vous alliez à C., et je reconnais toute la générosité de votre offre ; mais daignez encore suspendre l'exécution de ce projet. J'ai quelque espérance que Steffani reviendra, et alors je pourrai prendre un parti à tête reposée. Je trouve, lui dis-je, votre observation très raisonnable. Voulez-vous me permettre de déjeuner avec vous ?

— Avez-vous le droit de vous attendre à un refus ?

— Je serais au désespoir de vous gêner. A quoi passiez-vous vos journées à la maison ?

— J'aime beaucoup la lecture et la musique, et le clavecin faisait mes délices.

Je la quittai après le déjeuner, et le soir je revins la voir, lui apportant un panier plein de bons livres, de cahiers de musique, et un bon clavecin. Cette attention la rendit confuse ; mais j'augmentai sa surprise quand je tirai de ma poche trois paires de pantoufles. La rougeur lui monta au visage en me remerciant avec une sensibilité inexprimable. Ayant fait, pour elle, une longue marche à pied, ses souliers devaient être usés et ses pieds très sensibles ; elle dut donc trouver mon attention délicate. Comme je n'avais sur elle aucun dessein offensant, je jouissais de sa reconnaissance et de l'idée que mes soins pouvaient lui donner de ma délicatesse. Je n'avais d'autre but que celui de rassurer son cœur et d'effacer en elle la mauvaise impression que l'indigne Steffani avait dû lui donner des hommes. Je n'avais pas la moindre idée de lui inspirer de l'amour, et j'étais loin de penser que je pusse devenir amoureux d'elle. Elle était malheureuse, et ce titre, sacré à mes yeux, lui méritait d'autant plus de ma part l'intérêt le plus loyal que, sans me connaître, elle m'avait accordé toute sa confiance. Je n'aurais pu, dans sa situation, la supposer susceptible d'une nouvelle affection, et j'aurais eu horreur de la séduire d'aucune manière.

Je ne restai avec elle qu'un quart d'heure, et je la quittai pour lui ôter l'embarras que ma présence pouvait lui causer en ce moment, d'autant plus qu'elle ne savait de quelles expressions se servir pour m'exprimer sa reconnaissance.

Je me voyais engagé dans une affaire délicate dont je ne prévoyais point l'issue ; mais cela ne refroidissait pas mon zèle, et, ne me trouvant point embarrassé pour l'entretenir, je n'en désirais pas la fin. Cette rencontre singulière, qui m'offrait l'inappréciable avantage de me reconnaître des inclinations généreuses plus fortes que mes penchants au plaisir, me flattait au delà de toute expression. Je faisais une grande expérience sur moi-même, et, sachant que j'avais besoin de m'étudier, je m'y livrais avec abondance.

Le troisième jour, se confondant encore en remercîments que je m'efforçais en vain d'arrêter, elle me dit qu'elle ne concevait pas comment je lui montrais tant d'intérêt, la facilité avec laquelle elle m'avait suivi dans une malvoisie n'ayant pas dû me donner une grande opinion d'elle. Mais lui ayant répondu que je ne comprenais pas non plus comment, avec un masque sur la figure, j'avais pu lui inspirer assez de confiance dans ma vertu, mon costume devant annoncer tout le contraire, elle sourit. Moi, madame, il me fut facile de deviner la beauté malheureuse en voyant votre jeunesse, la noblesse de vos traits, et surtout votre candeur. Le caractère de vérité dont vos premières paroles furent empreintes ne me laissa aucun doute que vous ne fussiez victime du plus naturel de tous les sentiments, et que l'honneur seul ne vous eût forcée à fuir le toit paternel. Votre faute fut celle d'un cœur séduit sur lequel la raison ne saurait exercer son empire, et votre fuite, effet d'une âme noble qui crie réparation ou vengeance, vous justifie pleinement. Votre indigne séducteur doit expier son crime en perdant la vie, et non en recevant la récompense en vous épousant ; car il n'est pas fait pour vous posséder après s'être avili par l'action la plus déshonorante.

— Tout ce que vous dites est vrai. J'ai un frère qui, je l'espère, me vengera.

— Vous vous trompez si vous croyez que Steffani se batte ; c'est un lâche qui n'est pas en état de s'exposer à une mort honorable.

Comme j'achevais ces mots, elle mit la main dans sa poche, et après avoir réfléchi quelques instants, elle en retira un stylet de six pouces et le mit sur la table.

— Qu'est-ce que cela ?

— C'est une arme sur laquelle j'ai compté jusqu'à ce moment pour m'en servir contre moi-même si je ne parvenais pas à effacer ma faute. Vous venez de m'éclairer. Emportez, je vous prie, ce poignard, qui me devient inutile. Je compte sur votre amitié, et je sens en moi-même que je vous devrai l'honneur et la vie.

Je fus frappé de ce qu'elle venait de me dire, et je sentis que ces mots et ses regards avaient trouvé le chemin de mon cœur autrement que par une généreuse compassion. Je pris le stylet, et je la quittai avec un trouble qui m'annonçait la faiblesse d'un héroïsme dont j'étais bien près de me moquer, tant je commençais à le trouver ridicule : j'eus cependant la force d'être un demi-Caton jusqu'au septième jour.

Il faut que je dise comment je sentis naître dans mon esprit un soupçon sur le compte de cette jeune personne. Ce soupçon pesait sur mon cœur ; car, s'il avait été vrai, j'aurais été dupe, et cette idée était humiliante. Elle m'avait dit qu'elle était musicienne ; je lui avais procuré le même jour un clavecin et de la musique, et pourtant, depuis trois jours que l'instrument était à sa disposition, elle ne l'avait pas encore ouvert ; ce que la vieille m'avait assuré. Il me semblait cependant qu'elle aurait dû me remercier de mes attentions en me donnant un échantillon de ses talents. M'en aurait-elle imposé ? Cela l'aurait perdue dans mon esprit. Voulant éviter de porter un jugement téméraire, je me tins sur mes gardes, décidé à profiter du premier moment favorable pour éclaircir mes doutes.

J'allai la voir le lendemain après dîner, contre mon ordinaire, résolu d'amener ce moment d'une manière quelconque. Je la surpris assise devant un miroir, prêtant sa tête à la veuve, qui mettait en ordre la plus belle chevelure blonde qu'il soit possible de voir. Je lui fis mes excuses sur mon apparition hors de saison ; et, de son côté, s'étant excusée de ce que je la trouvais en désordre, elle continua. C'était la première fois que je voyais toute sa figure, son cou et la moitié de ses bras arrondis par les grâces. Je me tais; et je contemple. Je loue par hasard l'odeur de la pommade, et la vieille saisit cet instant pour lui dire qu'elle avait dépensé en peignes, poudre et pommade les trois livres qu'elle lui avait données Je me rappelle alors qu'elle m'avait dit le premier jour qu'elle était partie de C. avec dix paoli. Je me sentis monter le feu au visage de confusion, car j'aurais dû y penser.

Dès que la veuve eut fini, elle sortit pour nous aller faire du café. Je prends une bague sur sa toilette, et je vois un portrait qui lui ressemblait parfaitement ; mais je me mets à rire du caprice qu'elle a eu de se faire peindre en homme avec des cheveux noirs. Vous vous trompez, me dit-elle ; c'est le portrait de mon frère. Il a deux ans de plus que moi, et il est maintenant officier au service du Saint-Père, comme je vous l'ai dit.

Je lui demande la permission de lui mettre la bague ; elle m'allonge le doigt ; et voulant ensuite, par forme de galanterie, lui baiser la main, elle la retira en rougissant. Craignant qu'elle ne se trouvât offensée, je m'empressai de l'assurer de mon respect. Ah ! monsieur, me dit-elle, dans la situation où je me trouve, je dois bien plus penser à me défendre de moi-même que de vous.

Le compliment me parut si fin et si flatteur pour moi que je crus devoir le laisser tomber ; mais elle put lire dans mes yeux qu'elle ne pourrait jamais avoir à mon égard de vains désirs, ni craindre de me trouver ingrat. Cependant cette entrevue fit tellement croître mon amour, que je ne sus plus comment le dissimuler.

Bientôt, prenant occasion de me remercier des livres que je lui avais choisis, ayant deviné son goût, car elle n'aimait pas les romans, elle me dit : Je vous dois bien des excuses, sachant que vous aimez la musique, de ne vous avoir pas encore chanté un air comme je le sais. Je respirai à ces mots ; et, sans attendre ma réponse, elle se mit au clavecin et exécuta plusieurs morceaux avec une facilité, une précision et une expression que rien ne saurait rendre. J'étais en extase. Je la supplie de vouloir bien chanter un air ; et, après s'être fait un peu prier, elle prit un des cahiers que je lui avais apportés, et, *a prima vista*, elle chanta avec accompagnement d'une manière à m'enlever. Je la suppliai alors de me donner sa main à baiser : elle n'en fit rien ; mais elle ne m'opposa pas de résistance quand je la lui pris, et, malgré le feu que j'éprouvais, j'eus la modération de ne la baiser qu'avec une tendresse mêlée d'admiration et de respect.

Je la quittai enfin, épris, amoureux et presque décidé à me déclarer. La contrainte devient niaiserie quand on vient à connaître que l'objet qu'on adore partage nos sentiments. Je n'avais pas encore acquis cette conviction.

Toute la ville parlait de la disparition de Steffani ; mais je n'en disais rien à ma belle comtesse. On s'accordait généralement à dire que sa mère avait refusé de payer ses dettes, et qu'il s'était enfui pour n'être pas poursuivi par ses créanciers. La chose était vraisemblable. Mais, soit qu'il revînt ou qu'il ne revînt pas, je ne pouvais me résigner à la perte du trésor que j'avais entre les mains. Ne sachant cependant ni comment ni à quel titre je pourrais m'en faciliter la jouissance, je me trouvais dans un véritable labyrinthe. Parfois l'idée de consulter mon père me venait ; mais je la repoussais bientôt avec horreur, car je l'avais connu trop empirique dans l'affaire de Rinaldi et plus encore dans celle de l'Abbadie. Je craignais tant ses remèdes, que j'aimais mieux être malade que de guérir en m'en servant.

Un matin j'eus la sottise de demander à la veuve si madame lui avait demandé qui j'étais. Quelle balourdise ! Je le reconus bien vite quand, au lieu de me répondre, cette bonne femme me dit : Est-ce qu'elle ne sait pas qui vous êtes ?

— Répondez donc et n'interrogez pas, lui dis-je pour cacher ma confusion. La bonne femme avait raison. La voilà nécessairement devenue curieuse de l'aventure ; le caquet va s'en mêler, et le tout par une étourderie d'écolier. J'étais impardonnable. Il ne faut jamais être plus sur ses gardes que lorsqu'on fait des questions à des demi-sots. Depuis quinze jours qu'elle était entre mes mains, ma comtesse ne s'était jamais montrée curieuse de savoir qui j'étais ; mais cela ne me faisait pas croire qu'elle ne désirât pas le savoir. Si j'avais bien fait, je le lui aurais dit le premier jour : mais ce soir-là même je réparai mon tort mieux que personne n'aurait pu le faire ; et, après l'avoir instruite de tout, je lui demandai pardon de ne l'avoir pas fait plus tôt. Elle m'avoua, en me remerciant de ma confidence, qu'elle avait éprouvé beaucoup de curiosité de me connaître ; mais elle m'assura aussi qu'elle n'aurait jamais commis l'imprudence de s'informer de moi à son hôtesse. Les femmes ont le tact plus délicat et plus sûr que les hommes, et je pris de ses dernières paroles la part qui m'en revenait.

Notre conversation roulant sur l'incompréhensibilité de la longue absence de Steffani, elle me dit qu'il était impossible que son père ne crût pas qu'il se tenait caché quelque part avec elle. Il doit avoir su, ajouta-t-elle, que je lui parlais toutes les nuits sous ma fenêtre, et il ne lui aura pas été difficile de découvrir que je me suis embarquée pour Venise sur le coche de Ferrare. Mon père doit être à Venise ; je suis sûre qu'il fait en secret toutes les diligences pour me découvrir. Il loge ordinairement chez Boncousin ; tâchez de savoir s'il y est.

Elle ne nommait plus Steffani qu'avec une expression d'horreur et de haine, et elle ne parlait que d'aller loin de sa patrie s'enfermer dans un couvent, où sa honteuse histoire serait ignorée de tout le monde.

Je me retirai dans l'intention d'aller le lendemain à la recherche des informations ; mais je n'en eus pas besoin, car le soir, en soupant, M. Barbaro nous dit : On me recommande un gentilhomme sujet du pape pour que je l'aide de mon crédit dans une affaire délicate et épineuse. Un de nos citoyens a enlevé sa fille, et depuis quinze jours il doit être caché quelque part avec elle ; mais personne ne sait où. Il faudrait porter l'affaire au Conseil des Dix. La mère du ravisseur prétend être ma parente : je compte ne pas m'en mêler.

Je fis semblant d'écouter ce récit sans intérêt, et le lendemain de très bonne heure je me rendis chez ma charmante comtesse pour lui faire part de cette intéressante nouvelle. Elle dormait encore ; mais étant pressé, j'envoyai la veuve lui dire que je n'avais besoin que de deux minutes pour lui communiquer quelque chose d'important. Elle me reçut couchée, ayant la couverture jusqu'au menton.

Dès qu'elle sut tout, elle me pria instamment de supplier M. Barbaro de devenir médiateur entre son père et elle, m'assurant qu'elle préférait la mort à devenir la femme du monstre qui l'avait déshonorée. Je le lui promis, et elle me remit la promesse de mariage dont le perfide s'était servi pour la séduire, afin que je pusse la faire voir à son père.

Pour engager M. Barbaro à ce qu'elle désirait, j'aurais eu besoin de lui dire qu'elle était entre mes mains, et je sentais que cette confidence nuirait à ma protégée. Je ne pris d'abord aucune détermination, et cela en partie parce que je me voyais au moment de la perdre et que cela me répugnait souverainement.

Après diner, on annonça à M. Barbaro le comte A. S. Il entra avec son fils, vivant portrait de sa sœur. M. Barbaro les mena dans son cabinet pour parler de leur affaire, et une heure après ils repartirent. Dès que ces messieurs furent sortis, le bon M. Barbaro me pria, comme je m'y étais attendu, d'interroger mon ange pour savoir s'il lui convenait de s'intéresser en faveur du comte A. S. Il écrivit lui-même la question, et je lui écrivis nonchalamment cette réponse : Vous devez vous mêler de cette affaire, mais uniquement pour engager le père à pardonner à sa fille, abandonnant l'idée de la forcer à lui faire épouser son ravisseur, car Steffani est condamné à la mort par la volonté de Dieu.

Cette réponse fut trouvée étonnante ; et j'étais étonné moi-même d'avoir osé la donner ; mais j'étais entraîné par un pressentiment que Steffani devait périr par la main de quelqu'un, et peut-être était-ce l'amour qui me faisait penser ainsi. M. de Bragadin, qui croyait mon oracle infaillible, dit qu'il n'avait jamais parlé si clairement, et que Steffani était sûrement mort à cette heure. Invitez, dit-il à Barbaro, le père et le fils à venir dîner demain ici.

Il faut aller doucement en besogne, et, avant de le persuader de pardonner à sa fille, il faut savoir où elle est. M. Barbaro prenant la parole me fit presque sortir de mon sérieux en disant que, si je voulais, je pourrais le leur faire savoir de suite. Je vous promets, lui répondis-je, de le demander demain à mon bon génie. Ainsi je gagnais du temps, afin de connaître d'avance l'opinion du père et du fils. Cependant je riais en moi-même de la nécessité où je m'étais mis d'envoyer Steffani à l'autre monde pour ne pas compromette mon oracle.

Je passai toute la soirée avec la jeune comtesse, qui ne doutait point de la bonté que son père aurait pour elle ni de l'entière confiance qu'elle devait avoir en moi.

Quel plaisir pour cette charmante personne d'apprendre que le lendemain je dînerais avec son père et son frère, et que je lui répéterais tout ce qui serait dit sur son compte! Mais à mon tour, quel plaisir de la voir convaincue qu'elle devait me chérir, et que sans moi elle serait infailliblement perdue dans une ville où la politique du gouvernement tolère volontiers le libertinage comme esquisse de la liberté individuelle qui devrait y exister, mais que l'on trouve mille moyens de restreindre. Nous nous félicitions réciproquement sur notre rencontre si inopinée et sur la conformité de nos volontés, que nous qualifiions de prodigieuse. Nous étions enchantés de ne pas pouvoir attribuer à l'attraction de nos physionomies, elle, sa condescendance à se rendre à mon invitation, moi, mon empressement à la persuader de me suivre et de s'abandonner à mes conseils; car j'étais masqué et son capuchon faisait l'effet d'un masque.

Nous ne mettions aucun doute que le ciel n'eût arrangé tout cela pour que nous nous connussions, et que, sans y penser, nous devinssions ainsi amoureux l'un de l'autre. Avouez, lui dis-je, dans un moment d'enthousiasme et en couvrant sa main de mille baisers, avouez que, si vous me découvriez amoureux, vous me craindriez.

— Hélas ! je ne crains que de vous perdre.

Cette déclaration, qu'accompagnaient un ton de voix et un regard qui m'en garantissaient la vérité, fut l'éclair électrique qui me mit tout en feu. La prenant subitement dans mes bras, et collant ma bouche sur ses lèvres, ne voyant dans ses beaux yeux ni l'orgueilleuse indignation ni l'indice d'une froide complaisance qu'aurait pu faire naître en elle la crainte de me perdre, je m'abandonnai au doux penchant que l'amour m'inspirait, et nageant dans une mer de délices, je les sentis s'accroître en lisant sur les traits de l'être charmant qui me les procurait, la satisfaction, l'amour, la pudeur et la sensibilité qui rehaussent les charmes du plus doux triomphe.

A peine rendue à elle-même, elle baisse les yeux, et un profond soupir s'exhale de son sein. Croyant en deviner la cause, je me précipite à ses genoux, et du ton le plus tendre je la supplie de me pardonner.

— Quelle offense, mon ami, faut-il que je vous pardonne ? Vous avez mal deviné ma pensée. Votre tendresse me faisait réfléchir à mon bonheur, et, dans ce moment, un cruel souvenir m'a arraché ce soupir. Levez-vous.

Minuit était sonné ; je lui dis que son honneur exige que je la quitte ; je me remasque et je pars. J'étais si saisi, si étonné d'avoir obtenu un bonheur dont je ne me croyais pas encore digne, que mon départ dut lui paraître un peu brusque. Je ne dormis pas. Je passai une de ces nuits agitées où l'imagination d'un jeune homme amoureux court sans cesse après les apparences de la réalité. Cette réalité, je l'avais goûtée, mais non savourée, et je m'élançais idéalement vers l'objet qui devait compléter ma jouissance. Dans ce drame nocturne, l'amour et l'imagination étaient les acteurs principaux ; l'espérance, en seconde ligne, ne jouait qu'un rôle muet. Quoi qu'on en dise, l'espérance, n'est, dans le fond, qu'un être adulateur que la raison ne souffre que parce qu'elle a besoin de palliatifs. Heureux les hommes qui, pour jouir de la vie, n'ont besoin ni d'espoir ni de prévoyance !

A mon réveil, réfléchissant à la sentence de mort que j'avais lancée contre Steffani, j'en fus un peu embarrassé. J'aurais voulu pouvoir la révoquer, et pour l'honneur de mon oracle, que je voyais dangereusement compromis, et pour Steffani lui-même, que je commençais à ne plus tant haïr depuis que je lui devais le trésor que je possédais.

Le comte et son fils vinrent dîner. Le père était un homme tout uni, sans art ni apprêt. On lisait sur ses traits la tristesse que lui causait la désagréable aventure, et l'embarras d'en venir à bout ; mais on ne découvrait pas la moindre trace de colère. Le fils, beau comme l'Amour, avait de l'esprit et les manières nobles. Son air libre me plut ; et, dans le dessein de captiver son amitié, je m'occupai particulièrement de lui.

Au dessert, M. Barbaro sut si bien persuader au comte que nous étions quatre personnes avec une seule tête, que ce brave homme nous parla sans réserve. Il nous fit sous tous les rapports l'éloge de sa fille ; ensuite il nous assura que Steffani n'avait jamais mis les pieds dans sa maison, que par conséquent il ne pouvait pas concevoir par quel sortilège, ne lui parlant que dans la nuit, de la rue par une fenêtre, il était parvenu à la séduire au point de la faire partir seule à pied, deux jours après qu'il était parti en poste lui-même.

— On ne peut donc pas affirmer, lui objecta M. Barbaro, qu'elle ait été séduite, ni prouver qu'elle a été enlevée par Steffani.

— Je le sens : mais quoiqu'on ne le puisse pas, le fait n'en est pas moins certain. C'est si vrai, qu'actuellement que personne ne sait où il est, il ne peut être qu'avec elle. Mais tout ce que je demande, c'est qu'il l'épouse.

— Il me semble qu'il vaudrait mieux ne pas solliciter un mariage forcé, qui rendrait votre fille malheureuse ; car Steffani est, à tous égards, un des plus mauvais sujets que nous ayons dans l'ordre des secrétaires.

— Si j'étais à votre place, dit M. de Bragadin, je me laisserais attendrir par le repentir de ma fille, et je lui pardonnerais.

— Où est-elle ? Je suis prêt à la recevoir dans mes bras ; mais je ne puis la supposer repentie, puisque, je le répète, elle ne peut être qu'avec lui.

— Est-il bien sûr qu'en partant de C. elle soit venue ici ?

— Je le sais du patron même du coche, et elle descendit au rivage, à vingt pas de la porte de Rome. Un personnage masqué, qui l'attendait, la joignit alors, et tous deux disparurent sans qu'on sache où ils sont allés.

— C'était peut-être Steffani.

— Non, car il est petit et le masque était grand. J'ai su en outre que Steffani était parti deux jours avant l'arrivée de ma fille. Le masque avec lequel elle est allée doit être un ami de Steffani qui la lui aura conduite.

— Mais ce ne sont là, mon cher comte, que des conjectures.

— Quatre personnes qui ont vu le masque prétendent savoir qui c'était ; mais elles ne s'accordent pas entre elles. Voici la note. Je dénoncerai cependant tous ces quatre noms aux chefs du Conseil des Dix, si Steffani nie avoir ma fille en son pouvoir.

La note qu'il remit à M. Barbaro contenait non seulement les noms des quatre accusés, mais encore les noms des accusateurs. Le dernier que M. Barbaro lut était le mien. Je fis, en l'entendant, un mouvement de tête qui fit partir les trois amis d'un éclat de rire simultané.

M. de Bragadin, voyant le comte s'étonner de cette hilarité, lui dit : Casanova que voilà est mon fils, et je vous donne ma parole que si mademoiselle votre fille est entre ses mains, elle est en lieu de sûreté, quoiqu'il ne paraisse guère fait pour qu'on lui confie des filles.

L'étonnement, la surprise et l'embarras du père et du fils faisaient tableau. Ce bon et tendre père me demanda excuse, les larmes aux yeux, en me priant de me mettre à sa place. Je lui répondis en l'embrassant à plusieurs reprises. Celui qui m'avait reconnu était un Mercure provéditeur de plaisir, que j'avais rossé quelque temps auparavant parce qu'il m'avait trompé. Si j'avais tardé un seul instant à m'emparer de la malheureuse comtesse, elle ne lui aurait pas échappé et il aurait consommé sa ruine en la conduisant dans quelque mauvais lieu.

Le résultat de cet entretien fut que le comte suspendrait son recours au Conseil des Dix jusqu'à ce qu'on eût découvert où était Steffani. Il y a six mois, monsieur le comte, lui dis-je, que je ne le vois ; mais je vous promets de le tuer en duel dès qu'il paraîtra.

— Vous ne le tuerez, dit le jeune comte d'un air froid, que quand il m'aura tué.

— Messieurs, s'écria M. de Bragadin, je puis vous assurer que vous ne vous battrez ni l'un ni l'autre avec Steffani, car il est mort. — Mort ! dit le comte.

— Il ne faut pas, dit le prudent Carbaro, prendre ce mot à la lettre, mais le malheureux est certainement mort à l'honneur.

Après cette scène vraiment dramatique, pendant laquelle je vis que la pièce touchait au dénoûment, je me rendis chez mon adorable comtesse en changeant trois fois de gondole, précaution nécessaire pour déjouer les espions.

Je rendis un compte exact de tout à ma curieuse comtesse, que je trouvai très impatiente de me voir. Elle pleura de joie quand je lui rapportai les propos de son père et le désir qu'il avait manifesté de la recevoir dans ses bras ; mais lorsque je l'assurai que personne ne savait que Steffani avait été dans sa chambre, elle se prosterna à terre pour en remercier Dieu. Ensuite, lui ayant rapporté ces paroles de son frère, en imitant son sang-froid : « Vous ne la tuerez pas avant qu'il m'ait tué, » elle m'embrassa en me nommant son ange tutélaire, son sauveur, et en arrosant mon visage de ses larmes. Je lui promis de lui amener ce cher frère le surlendemain au plus tard ; ensuite nous soupâmes, sans parler ni de

Steffani ni de vengeance. Après ce repas délicieux, l'amour fit de nous tout ce qu'il voulut pendant deux heures entières.

Je la quittai vers minuit, en lui promettant qu'elle me reverrait le matin de bonne heure ; et si je n'y passai pas la nuit, ce fut pour que l'hôtesse pût jurer en conscience, si le cas venait à être nécessaire, que je n'y en avais passé aucune. Je fus, au reste, bien inspiré, car je trouvai en rentrant mes trois vieux amis qui m'attendaient debout avec impatience pour me donner une nouvelle surprenante que M. de Bragadin avait apprise au sénat.

— Steffani, me dit-il, est mort comme notre ange Paralis nous l'a révélé ; il est mort au monde, car il s'est fait capucin. Tout le sénat, comme de raison, en est informé. Quant à nous, nous savons que c'est une punition de Dieu. Adorons l'auteur de toutes choses et les hiérarchies célestes qui nous rendent dignes de savoir ce que personne ne sait. Maintenant il faut achever l'ouvrage et consoler ce bon père. Il faut demander à Paralis où est cette fille, qui, pour le coup, ne saurait être avec Steffani, car elle n'est pas condamnée à se faire capucine.

— Je ne consulterai pas mon ange, mon cher père, car c'est pour lui obéir que j'ai dû jusqu'à ce moment faire un mystère de l'endroit où la jeune comtesse se trouve. Je leur contai alors toute l'histoire, excepté ce qu'il ne fallait pas qu'ils en sussent ; car, dans la tête de ces trois excellents hommes, auxquels l'amour avait fait payer d'énormes tributs, les crimes d'amour étaient devenus épouvantables. MM. Dandolo et Barbaro témoignèrent une grande surprise quand ils surent que cette jeune personne était sous ma protection depuis quinze jours ; mais M. de Bragadin leur dit qu'il n'y avait rien d'étonnant à cela, que c'était dans l'ordre cabalistique, et que, bien plus, il le savait. Il faut seulement, ajouta-t-il, en faire un mystère au comte jusqu'à ce que nous soyons bien certains qu'il lui pardonnera et qu'il la conduira dans sa patrie ou partout où il voudra.

— Il faut bien qu'il lui pardonne, dis-je, puisque cette excellente fille ne serait jamais partie de C. si le séducteur ne lui eût donné la promesse de mariage que voici. Elle gagna à pied le coche d'où elle descendit au moment où je sortais de la porte de Rome. Une inspiration m'ordonna de l'aborder et de l'inviter à me suivre. Elle m'obéit elle-même, comme par inspiration, et je l'ai conduite dans un endroit impénétrable sous la garde d'une femme qui craint Dieu.

Mes trois amis m'écoutaient si attentivement qu'ils avaient l'air de trois statues. Je leur dis d'inviter le comte à dîner pour le surlendemain, parce que je devais avoir le temps de consulter Paralis *de modo tenendi*. Ensuite je dis à M. Barbaro de faire savoir au comte de quelle manière il devait considérer Steffani comme mort. Cela fut convenu ; ensuite, nous allâmes nous coucher.

Je ne dormis que quatre ou cinq heures ; ensuite, m'étant habillé à la hâte, je cours trouver mon ange, ordonnant à la veuve de ne nous apporter le café que quand nous l'appellerions, ayant besoin d'être quelques heures tranquilles pour écrire plusieurs lettres.

Je trouve ma divinité couchée, mais éveillée, et je lis dans ses regards la satisfaction et le contentement. Je ne l'avais vue, pendant une douzaine de jours, que triste, sombre et pensive ; sa nouvelle satisfaction, que je pouvais m'attribuer, me remplissait d'allégresse. Nous débutâmes en amants heureux, et nous fûmes prodigues de témoignages d'amour, de tendresse et de reconnaissance.

Après nos délicieux ébats, je lui rendis compte de tout; mais l'amour avait tellement pénétré cette âme pure et sensible, que l'affaire principale n'était plus qu'accessoire pour elle. Elle demeura pourtant comme stupéfaite à la nouvelle que son séducteur s'était fait capucin; et, faisant sur cet événement des réflexions très sensées, elle finit par le plaindre. Quand on plaint, on ne hait plus; mais cela n'arrive qu'aux âmes grandes et généreuses. Elle fut très contente que j'eusse confié à mes trois amis qu'elle était en mon pouvoir, s'abandonnant entièrement à moi sur les arrangements à prendre pour la présenter à son père.

De temps en temps nous pensions que l'instant de nous séparer pour toujours approchait, et nous éprouvions une angoisse pénible que nous oubliions un moment après dans la plus parfaite volupté. Que ne pouvons-nous être l'un à l'autre pour la vie! me disait cette adorable fille. Ah! ce n'est point la connaissance de Steffani qui m'a rendue malheureuse, c'est ta perte qui va faire mon malheur!

Il fallut enfin rompre ce doux tête-à-tête, car les heures s'écoulaient avec une effrayante rapidité. Je la quittai heureuse, les yeux humides des larmes du bonheur.

Nous étions tous invités à souper chez le comte, à l'exception de M. de Bragadin, qui s'en était dispensé; nous y allâmes, et cela m'empêcha d'aller voir ma divinité ce soir-là; mais le lendemain de bonne heure je ne manquai pas d'aller regagner le temps perdu, et, comme il avait été décidé que ce jour-là même son père serait instruit qu'elle était sous ma sauvegarde, nous ne nous séparâmes qu'à midi.

Nous n'avions pas l'espoir de nous retrouver seuls ; car, dans l'après-midi, je devais lui amener son frère.

Le comte et son fils dînèrent avec nous, et en nous levant de table, M. de Bragadin dit : Réjouissons-nous, monsieur le comte, votre chère fille est retrouvée ! — Quel moment d'agréable surprise pour le père et pour le fils ! M. de Bragadin, leur présentant la promesse de mariage que Steffani avait faite à la comtesse, leur dit : Voilà, messieurs, ce qui a causé un moment de transport au cerveau à cette aimable personne en apprenant qu'il était parti de C. sans elle. Elle partit à pied toute seule, et, à peine arrivé ici, le hasard lui fit rencontrer ce grand jeune homme que vous voyez là, qui lui persuada de le suivre, et qui l'a mise entre les mains d'une honnête femme, dont elle ne s'est pas séparée depuis, et d'où elle ne sortira que pour se jeter dans vos bras, dès qu'elle sera assurée qu'elle y trouvera le pardon et l'oubli de la faute qu'elle a commise.

— Qu'elle ne doute pas de mon pardon, dit le père avec un transport de tendresse ; et, se tournant vers moi : Oh ! monsieur, daignez ne pas différer à me donner une satisfaction d'où dépend le bonheur de ma vie.

Je l'embrassai avec effusion de cœur, en lui disant qu'elle lui serait rendue le lendemain, mais que ce même jour je conduirais son fils auprès d'elle pour qu'il la disposât à cette douce réunion par une transition insensible. M. Barbaro voulut être de la partie, et le jeune comte, enchanté de cet arrangement, m'embrassa en me jurant une amitié à toute épreuve.

Nous sortîmes, et une gondole nous mena en peu d'instants au lieu où je gardais un trésor bien plus précieux que les pommes des Hespérides. Mais hélas! ce trésor, dont le souvenir me cause encore aujourd'hui un doux frémissement, j'allais le perdre sans retour.

Je précédai mes deux compagnons pour prévenir ma jeune et belle amie de leur approche, et quand je lui eus dit que j'avais arrangé que son père ne la verrait que le lendemain : Ah! s'écria-t-elle avec l'accent du bonheur, nous pourrons donc passer encore quelques heures ensemble. Va, mon ami, va chercher mon frère.

Je rentre avec ces messieurs ; mais comment exprimer ce coup de théâtre? Oh! combien l'art sera toujours distant de la nature! L'amour fraternel et le ravissement qui s'expriment sur deux figures enchanteresses, avec une petite teinte de confusion sur celle de l'adorable sœur, — la joie pure qui brille à travers les plus tendres embrassements, — les plus éloquentes exclamations suivies d'un silence plus éloquent encore, — leurs tendres regards qui semblent des éclairs au milieu d'une rosée de larmes de tendresse, — un retour de politesse qui la rend confuse d'avoir négligé ses devoirs vis-à-vis d'un seigneur d'importance qu'elle voyait pour la première fois ; enfin mon personnage, muet et principal mobile de cette scène, entièrement oublié dans tous ces élans ; tout cela faisait un tableau que le peintre le plus habile aurait bien de la peine à rendre.

On finit pourtant par s'asseoir, la comtesse entre son frère et M. Barbaro, sur un canapé ; moi, en face d'elle, sur un tabouret.

— A qui donc, ma chère sœur, devons-nous le bonheur de t'avoir recouvrée ?

— A mon ange tutélaire, dit-elle en me tendant la main, à cet homme généreux qui m'attendait comme s'il eût été inspiré du Ciel pour veiller sur ta sœur : c'est lui qui m'a sauvée, qui m'a garantie du précipice ouvert sous mes pas, qui m'a sauvée de l'opprobre qui me menaçait et dont je n'avais aucune idée, et qui, comme vous voyez, baise ma main pour la première fois.

Elle mit alors son mouchoir sur ses beaux yeux pour recueillir quelques larmes, auxquelles nous mêlâmes les nôtres.

Voilà la vertu véritable, qui ne perd jamais son noble caractère, lors même que la pudeur lui arrache un innocent mensonge. Au reste, l'aimable comtesse ne savait pas dans ce moment qu'elle mentait. Celle qui parlait par sa jolie bouche était une âme pure, vertueuse, et elle ne s'opposait pas à son action. Sa vertu aimait à la peindre comme pour lui dire que, malgré ses égarements, elle ne s'était jamais séparée d'elle. Une jeune fille qui obéit à l'amour uni au sentiment ne saurait commettre un crime, ni par conséquent être accessible aux remords.

Quand la tendre visite tira vers sa fin, elle dit qu'il lui tardait de se voir aux pieds de son père ; mais qu'elle désirait que ce ne fût que vers le soir, afin de ne pas fournir matière au caquet des voisins. Il fut donc convenu que l'entrevue qui devait faire le dénoûement du drame n'aurait lieu qu'à l'entrée de la nuit du lendemain.

Nous allâmes souper chez le comte, et ce bon et brave homme, fermement persuadé qu'il m'était redevable de son honneur et de celui de sa fille et de sa famille, ne me parlait, ne me regardait qu'avec admiration. Il était cependant bien aise d'avoir su, avant que j'en convinsse, que c'était moi qui lui avais parlé le premier à la sortie du coche. Avant de nous séparer, M. Barbaro les pria à dîner pour le lendemain.

Je me rendis de grand matin chez ma belle, et, quoiqu'il y eût du danger à passer trop longtemps tête à tête, ce soin nous occupa peu ; ou plutôt, si nous y pensâmes, ce ne fut que pour mieux mettre à profit le peu d'instants que l'amour nous laissait encore.

Après avoir savouré jusqu'à l'agonie tout ce que la tendresse la plus vive peut fournir de douces voluptés à deux amants jeunes, vigoureux et passionnés, ma jeune comtesse s'habilla, mit ses souliers, et, baisant ses pantoufles, elle dit qu'elle était bien sûre de ne s'en séparer qu'à la mort. Je lui demandaî une mèche de ses cheveux, que j'obtins à l'instant : c'était pour faire le pendant du cordon de ceux de M$^{me}$ F., que je portais encore.

Sur la brune, le comte, son fils, MM. Dandolo, Barbaro et moi, nous nous rendîmes chez la comtesse. Dès qu'elle vit son père, elle se précipita à ses genoux, et lui, pleurant à chaudes larmes, s'empressa de la relever, l'embrassa, lui pardonna et lui donna sa bénédiction paternelle. Tout se passa avec tendresse, sentiment et amour. Une heure après, nous accompagnâmes la famille à leur auberge, et, après leur avoir souhaité le plus heureux voyage, je rentrai avec mes deux amis chez M. de Bragadin, à qui je fis le récit de ce qui s'était passé.

Le lendemain nous les croyions partis, quand nous les vîmes venir au palais dans une péotte à six rames. Ils n'avaient pas voulu quitter Venise sans nous revoir et sans nous remercier du grand service qu'ils croyaient que nous leur avions rendu, moi spécialement. M. de Bragadin, qui n'avait pas encore vu la jeune comtesse, fut frappé de l'extrême ressemblance du frère et de la sœur.

Après avoir pris quelques rafraîchissements, ils remontèrent dans leur péotte, qui, en vingt-quatre heures, devait les débarquer au Pont-de-Lac-Obscur sur le Pô, lieu qui confine aux Etats du Pape. Je ne pus que des yeux exprimer à cette adorable fille tout ce que mon cœur éprouvait dans cet instant ; mais elle comprit leur langage, et celui des siens me fut facile à interpréter.

Jamais recommandation plus à propos que celle qui, dans cette affaire, fut adressée à M. Barbaro. Elle servit à sauver l'honneur d'une famille respectable, et à m'éviter les désagréments que j'aurais eu si j'avais dû rendre compte devant le Conseil de ce que la demoiselle était devenue après que j'aurais été convaincu de l'avoir conduite avec moi.

## IX

### **Henriette**

Un matin, à Venise, je fus éveillé par un tapage épouvantable qu'on faisait presque à la porte de ma chambre.

Je sors du lit et j'ouvre ma porte pour voir ce que c'est. Je vois une bande de sbires à la porte d'entrée, et dans un lit un homme de bonne mine, sur son séant, qui s'égosillait à crier en latin contre cette canaille, vraie plaie de l'Italie, et contre l'hôte, présent, et qui avait eu la scélératesse de leur ouvrir la porte.

Je demande à l'hôte de quoi il s'agissait.

— Ce monsieur, me répond le drôle, qui apparemment ne parle que latin, est couché avec une fille, et les archers de l'évêque sont venus pour savoir si c'est sa femme : c'est tout simple. Si elle l'est, il n'a qu'à les en convaincre par quelque certificat, et tout sera dit ; mais si elle ne l'est pas, il faut bien qu'il se contente d'aller en prison avec la fille. Cela pourtant n'arrivera pas, car je m'engage à arranger l'affaire à l'amiable moyennant deux ou trois sequins. Je parlerai à leur chef, et tous ces gens-là s'en iront. Si vous parlez latin, entrez et faites-lui entendre raison.

— Qui a forcé la porte de la chambre?

— On ne l'a pas forcée ; c'est moi qui l'ai ouverte : c'est mon devoir.

— C'est un devoir de voleur de grand chemin et non d'un hôte honnête homme.

Indigné d'une pareille infamie, je crus devoir m'en mêler. J'entre en bonnet de nuit, et je conte à l'homme toutes les circonstances de cette tracasserie. Il me répond en riant que premièrement on ne pouvait pas savoir si la personne couchée à côté de lui était une femme, car on ne l'avait vue habillée qu'en officier, et qu'en second lieu, il croyait que personne au monde n'avait le droit de l'obliger à rendre compte si c'était sa femme ou sa maîtresse, en supposant que l'être qui couchait avec lui fût réellement une femme.

— D'ailleurs, ajouta-t-il, je suis déterminé à ne pas débourser un écu pour finir cette affaire et à ne sortir du lit que lorsqu'on aura refermé ma porte. Dès que je serai habillé, je vous ferai voir un joli dénoûment à cette pièce. Je chasserai tous ces coquins à coups de sabre.

Je vois alors dans un coin de la chambre un sabre et un habit hongrois qui avait l'apparence d'un uniforme. Je lui demandai s'il était officier.

— J'ai, me répondit-il, écrit mon nom et ma qualité sur le livre de consigne de l'hôte.

Etonné de l'extravagance de l'aubergiste, je l'interroge à ce sujet, et il avoue que c'était la vérité ; mais il ajoute que cela m'empêchait pas que le for ecclésiastique n'eût le droit de surveiller tout scandale.

— L'affront que vous venez de faire à cet officier vous coûtera cher, monsieur l'hôte.

Pour toute réponse, il me rit au nez. Piqué au vif

de me voir bafoué par cette vile canaille, je prends fait et cause, et je demande à l'officier s'il avait la confiance de me donner son passe-port pour quelques instants.

— J'en ai deux, me dit-il, je puis fort bien vous en confier un.

En disant cela, il le tire d'un portefeuille et me le remet. Il était du cardinal Albani ; l'officier était capitaine dans un régiment hongrois de l'impératrice et reine. Il venait de Rome et il allait à Parme pour remettre à M. Dutillot, premier ministre de l'infant duc de Parme, des dépêches que lui avait remises le cardinal Albani Alexandre.

Dans le moment un homme entra dans la chambre en vociférant et me prie de dire à ce monsieur de s'arranger avec ces gens-là, parce qu'il voulait partir sans plus attendre.

— Qui êtes-vous ? lui dis-je.

Il me répond qu'il était le voiturier avec lequel le capitaine devait partir.

Voyant alors que c'était un coup monté, je prie l'officier de m'abandonner l'affaire, l'assurant que je la terminerais avec honneur.

— Faites, me dit-il, tout ce que vous voudrez.

Me tournant alors vers le voiturier :

— Montez, lui dis-je, la malle du capitaine, et vous allez être payé.

Dès que la malle fut dans la chambre, je tirai huit sequins de ma bourse et je les lui donnai après en avoir obtenu quittance pour le capitaine, qui ne parlait qu'allemand, hongrois et latin. Le voiturier partit, et les sbires, très consternés, partirent avec lui, à l'exception de deux qui restèrent dans la salle.

— Capitaine, dis-je au Hongrois, veuillez rester dans votre lit jusqu'à mon retour. Je m'en vais chez l'évêque pour lui rendre compte de l'affaire et lui faire sentir la réparation qu'il vous doit. D'ailleurs, ajoutai-je, le général Spada est à Césène et...

Il ne me laissa pas achever.

— Je le connais, me dit-il ; et si j'avais su qu'il fût ici, j'aurais brûlé la cervelle à l'aubergiste qui a ouvert la porte à cette canaille.

Je m'habille, à la hâte, et, sans être coiffé, je me rends en redingote chez l'évêque, et, faisant grand tapage, je force presque la valetaille à me mener dans sa chambre. Le laquais qui était à la porte me dit que Sa Grandeur était encore au lit.

— C'est égal, je n'ai pas le temps d'attendre.

Je le repousse et j'entre. Je conte au prélat toute l'histoire en brodant sur le tapage, me récriant sur l'iniquité d'un pareil procédé, et frondant une police vexatoire qui se jouait ainsi du droit sacré des gens et de celui des nations.

L'évêque ne me répond pas, mais il ordonne qu'on me conduise à sa chancellerie.

Je trouve le chancelier et je lui répète ce que j'avais dit à l'évêque, mais avec des paroles peu mesurées et plus propres à irriter qu'à adoucir, et nullement faites pour obtenir la délivrance de l'officier. Je vais jusqu'à la menace et je dis que, si j'étais l'officier, j'exigerais une réparation éclatante. Le prêtre me rit au nez ; c'était ce que je voulais, et, après m'avoir demandé si j'avais le transport au cerveau, il me dit de m'adresser au chef des sbires.

— A d'autres, l'abbé, à d'autres qu'au chef des sbires ; et, charmé d'avoir envenimé l'affaire, je le quitte et vais droit chez le général Spada. On me dit qu'il ne serait visible qu'à huit heures et je retourne à l'auberge.

Je m'imaginais délicieuse la fille cachée sous la couverture : je brûlais d'impatience de voir sa figure, que la honte, sans doute, ne lui avait pas permis de montrer. Elle m'avait entendu, et mon amour-propre ne me permettait pas de douter qu'elle ne m'eût jugé mieux valant que son capitaine.

La porte de la chambre étant demeurée ouverte, j'entre et je rends compte au capitaine de tout ce que j'avais fait, l'assurant que dans la journée il serait maître de partir aux dépens de l'évêque, car le général ne manquerait pas de lui faire donner pleine satisfaction. Il me remercia affectueusement, me rendit mes huit ducats et me dit qu'il ne partirait que le lendemain.

— De quel pays, lui dis-je, est votre compagnon de voyage ?

— Il est Français, et ne parle que sa langue.

— Vous parlez donc français ?

— Pas un mot.

— C'est plaisant ! Vous jouez donc la pantomime ?

— Absolument.

— Je vous plains, car c'est un langage difficile.

— Oui, pour les nuances de la pensée ; mais pour le matériel, nous nous comprenons parfaitement.

— Puis-je lui demander de déjeuner avec vous ?

— Demandez-lui si cela lui fera plaisir.

— Aimable compagnon du capitaine, dis-je en français, voulez-vous bien m'admettre en tiers à votre déjeuner ?

Aussitôt je vois sortir de dessous la couverture une tête ravissante, échevelée, fraîche, riante, et qui, malgré son bonnet d'homme, me décèle un sexe sans lequel l'homme serait sur la terre l'animal le plus malheureux.

Enchanté de cette gracieuse apparition, je lui dis que j'avais eu le bonheur de m'intéresser pour elle avant de l'avoir vue ; et que maintenant que j'avais le plaisir de la voir, je ne pouvais que redoubler d'empressement pour lui être utile.

Elle me répondit avec une grâce et une vivacité d'esprit qui n'appartiennent qu'à cette nation aimable, et elle rétorqua mon argument avec une finesse d'expression dont je fus enchanté. Ma demande étant agréée, je sors pour aller commander le déjeuner et les laisser seuls pour se placer sur leur séant ; car ils étaient décidés à ne point sortir du lit que la porte de leur chambre ne fût refermée.

Le garçon de café étant venu, je rentre et je vois ma jolie Française en redingote bleue, les cheveux mal peignés en homme, mais ravissante, même sous ce costume. Je soupirais de la voir debout. Elle déjeuna sans jamais interrompre l'officier, qui me parlait et que je n'écoutais point ou que j'écoutais mal, tant j'étais dans une sorte d'enchantement.

Aussitôt après déjeuner, je vais chez le général et je lui conte l'affaire en l'amplifiant de manière à piquer son amour-propre martial. Je lui dis que s'il ne remédiait pas à l'affaire, l'officier était décidé à dépêcher une estafette au cardinal protecteur. Mais mon éloquence était superflue, car il aimait que les prêtres se mêlassent des affaires du ciel et qu'ils ne missent point le nez dans les affaires de ce monde.

— Je vais, dit-il, mettre bon ordre à cette bouffonnerie en lui donnant le ton de la plus grande importance.

Cette belle victoire ayant été le fruit de mes soins,

elle me valut l'amitié du capitaine et celle de sa belle compagne.

Pour s'apercevoir de prime abord que le compagnon du capitaine n'était pas un homme, il n'y avait qu'à voir ses hanches. Elle était trop belle femme pour pouvoir passer pour homme ; et certes les femmes qui, travesties, se piquent de nous ressembler, ont grand tort, car elles avouent par là la privation d'une de leurs plus belles perfections.

Un peu avant l'heure du dîner nous nous rendîmes chez le général, lequel s'empressa de présenter les deux officiers à toutes les dames présentes. Aucune ne s'y méprit, mais, sachant déjà l'histoire, toutes furent ravies de dîner avec le héros de la pièce, et toutes prirent le parti de traiter le jeune officier comme s'il avait été homme : mais de leur côté les hommes lui offrirent un hommage plus convenable à son sexe.

M<sup>me</sup> Querini fut la seule qui bouda, car la belle Française attirant toute l'attention, son amour-propre souffrait de se voir négligée. Elle ne lui adressait la parole que pour faire parade de son français, qu'elle parlait assez bien. Le pauvre capitaine ne parla presque point, car personne ne se souciait de parler latin, et le général n'avait pas grand'chose à lui dire en allemand.

La conversation était animée, et le jeune officier femelle occupait tout le monde, même M<sup>me</sup> Querini, quoiqu'elle ne se donnât guère la peine de dissimuler le secret dépit qu'elle éprouvait.

— Je trouve singulier, lui dit-elle, que vous puissiez vivre ensemble sans jamais vous parler.

— Pourquoi singulier, madame ? Nous nous entendons à merveille, car la parole est fort peu nécessaire aux affaires que nous avons à traiter ensemble.

Cette réponse, faite avec grâce et vivacité, fit éclater de rire toute la compagnie, excepté pourtant M<sup>me</sup> Querini Juliette, qui, faisant sottement la bégueule, la trouvait trop claire.

— Je ne connais pas, dit-elle au jeune officier, d'affaires que l'on puisse traiter sans le secours de la parole ou de la plume.

— Vous m'excuserez, madame, il y en a : Le jeu, par exemple, est une affaire.

— Est-ce que vous ne faites que jouer ?

— Nous ne faisons que cela. Nous jouons au pharaon, et je tiens la banque.

Tout le monde, sentant la finesse de cette réponse évasive, recommença à rire, et Juliette comme les autres.

— Mais, dit le général, la banque gagne-t-elle beaucoup ?

— Quant au gain, il est si peu important, qu'il ne vaut guère la peine d'en parler.

Personne assurément ne s'avisa de traduire cette phrase à l'honnête capitaine. Tout le reste de la conversation fut de ce piquant, et la société se sépara enchantée de la grâce et de l'esprit du charmant officier.

Vers le soir, au moment de partir, j'allai prendre congé du général et je lui souhaitai un bon voyage.

— Adieu, me dit-il, je vous souhaite aussi bon voyage et beaucoup de plaisir à Naples.

— Je n'y vais pas pour le moment, lui dis-je ; j'ai changé d'idée et je vais à Parme, où je désire voir l'infant. Je me propose en même temps de servir d'interprète à ces deux officiers, qui ne peuvent ni s'entendre ni se faire comprendre.

— Je vous entends, et, si j'étais à votre place j'en ferais autant.

Je pris également congé de M<sup>me</sup> Querini qui me demanda de lui écrire de Bologne. Je le lui promis, avec l'intention de n'en rien faire.

Cette jeune Française m'avait intéressé cachée sous la couverture ; elle m'avait plu dès qu'elle avait montré sa figure et bien plus lorsque je l'avais vue habillée. Elle acheva de me captiver à table en déployant une sorte d'esprit que j'aimais beaucoup, qu'on trouve rarement en Italie, et dont le beau sexe en France est assez généralement pourvu. Sa conquête ne me paraissant pas difficile, je pensais au moyen de me l'assurer. Mettant toute fatuité de côté, je me croyais fait pour lui convenir mieux que son Hongrois, homme charmant pour son âge, mais qui enfin annonçait la soixantaine, tandis que mes vingt-trois ans brillaient sur tous mes traits. Il me semblait que, de la part de l'officier, je ne devais m'attendre à aucun obstacle, car il paraissait être un de ces hommes qui, traitant l'amour comme une affaire de pure fantaisie, s'arrangent facilement selon les circonstances et se prêtent de bonne grâce aux compositions que le hasard présente. La pensée ne pouvait m'offrir une occasion plus heureuse de pousser mon affaire que de me rendre compagnon de voyage de ce couple mal assorti. Il ne me paraissait pas possible que l'on pût me refuser ; car il devait leur être fort agréable que je voulusse les accompagner, puisque seuls ils ne pouvaient se communiquer aucune pensée.

Me croyant sûr de mon fait et résolu de tenter

l'aventure, dès que nous fûmes à l'auberge je demandai à l'officier s'il comptait aller à Parme en poste ou
autrement.

— N'ayant pas de voiture, je préfère y aller en
poste.

— J'en ai une fort commode, je vous offre les deux
places du fond, si ma société vous est agréable.

— C'est un vrai bonheur. Faites-moi le plaisir d'en
faire la proposition à Henriette.

— Voulez-vous, madame, m'accorder l'honneur de
vous accompagner à Parme ?

— J'en serais enchantée, car au moins nous parle-
rions. Mais monsieur, prenez-y garde, car votre
besogne ne sera pas facile, puisque vous vous trouverez souvent obligé de nous faire la chouette.

— Je m'y prêterai avec un grand plaisir ; je suis
seulement fâché que le voyage soit si court. Nous en
parlerons à souper ; en attendant, souffrez que je
vous quitte pour aller terminer quelques affaires.

Ces affaires étaient une voiture que je n'avais qu'en
imagination. Je me rends au café de la noblesse, et
comme si le hasard eût voulu me servir à souhait,
on m'informe qu'il y en avait une à vendre, mais
que personne ne voulait acheter parce qu'elle était
trop chère. On en voulait deux cents sequins, et elle
n'était qu'à deux places avec un strapontin. C'était
précisément ce que je voulais. Je me fais conduire à
la remise, et je vois une superbe voiture anglaise qui
devait avoir coûté deux cents guinées. Le comte à qui
elle appartenait était à souper ; je lui fais dire que je
le priais de ne point vendre la voiture jusqu'au lendemain matin, et je retourne à l'auberge très satisfait. Pendant le souper, je ne parlai au capitaine que
pour convenir que nous partirions le lendemain

après dîner ; tout le reste de la conversation ne fut qu'un dialogue entre Henriette et moi. La conversation était charmante : elle me présentait un genre d'esprit gracieux qui m'était encore inconnu, car je n'avais jamais eu l'occasion de m'entretenir avec une Française. Trouvant cette jeune femme de plus en plus ravissante et ne pouvant cependant voir en elle qu'une aventurière, j'étais tout étonné de lui découvrir ces sentiments nobles et délicats qui ne peuvent être que le fruit d'une bonne éducation ; mais quand cette idée venait, comme elle ne cadrait pas avec mes intentions sur elle, je la rejetais. Chaque fois que je tâchais de la faire parler de l'officier, elle détournait le discours ou éludait mes insinuations avec une finesse de tact qui m'étonnait et qui cependant me plaisait beaucoup, tant elle le faisait avec grâce. Elle n'éluda point cependant celle-ci :

— Dites-moi au moins, madame, si le capitaine est votre époux ou votre père.

— Il n'est, me répondit-elle en souriant, ni l'un ni l'autre.

Cela me satisfit, car au fond je n'avais pas besoin d'en savoir davantage.

Le bonhomme s'était endormi ; quand il se réveilla, je leur souhaitai une bonne nuit, et j'allai me coucher le cœur plein d'amour et la tête pleine de projets.

Je voyais que tout prenait la tournure la plus favorable, et j'étais persuadé de réussir ; car j'avais vingt-trois ans, la plus brillante santé, de l'or et beaucoup d'audace. L'aventure me paraissait d'autant plus délicieuse qu'en moins de trois ou quatre jours je devais en voir le dénoûment.

J'arrangeai tout pour notre départ, que je hâtais de tous mes vœux. Henriette n'ouvrait pas la bouche, que je ne lui trouvasse une perfection de plus, car son esprit m'enchantait encore bien plus encore que sa beauté. Il me semblait que le vieux capitaine voyait avec plaisir que je m'occupasse d'elle, et tout semblait m'assurer qu'Henriette voyait avec plaisir les attentions que je lui témoignais ; enfin il me paraissait évident qu'elle ne serait point fâchée de changer son vieil amant contre moi. J'avais d'autant plus lieu de m'en flatter que je possédais au physique tout ce qui peut constituer un amant parfait, et que j'avais l'air fort riche, quoique je n'eusse point de domestique. Je lui dis que, pour avoir le plaisir de ne pas en avoir, je dépensais le double ; que me servant moi-même, j'avais toujours la satisfaction d'être servi à mon gré, et que j'avais l'avantage de n'avoir point d'espion à mes trousses ni de voleur privilégié à redouter. Henriette entrait parfaitement dans mes idées, et cela me rendait encore plus amoureux.

L'honnête capitaine hongrois voulut absolument me remettre d'avance le montant des postes jusqu'à Parme. Après dîner, nous partîmes après une dispute de politesse sur les places : il voulait que je me misse près d'Henriette dans le fond, mais le lecteur doit sentir combien la place en face me convenait mieux ; aussi, tout en y trouvant mon compte, j'insistais pour me placer sur le strapontin, et j'eus le double avantage de m'en faire un mérite de politesse et de me mettre à même d'avoir constamment et sans gêne l'objet charmant que j'adorais placé sous mes regards.

Quelque chose s'étant dérangé à la voiture, nous arrêtâmes à Forli pour la faire réparer. Après avoir soupé fort gaiement, je passai dans ma chambre pour m'aller coucher, mais plein de l'image d'une femme charmante qui me captivait de plus en plus. Henriette, pendant tout le chemin, m'avait paru si bizarre, que je ne voulus point coucher dans un second lit qui était dans la même chambre. Je craignais que cette fille n'eût l'idée de quitter son vieux camarade pour venir se mettre près de moi ; et je ne savais pas comment le brave capitaine aurait pris la plaisanterie. Je voulais, il est vrai, parvenir à la possession de ce charmant objet ; mais je voulais que tout se fît à l'amiable, car j'avais un certain respect pour ce brave militaire.

Cette jeune fille n'avait que l'habit d'homme qui la couvrit ; pas la moindre nippe de femme, pas même une chemise. Elle en changeait avec celles du capitaine. Cette situation était si nouvelle pour moi, qu'elle me paraissait énigmatique.

Arrivés à Bologne, et animé pendant le souper et par la bonne chère et par le feu qui s'allumait de plus en plus dans mon cœur, je lui demandai par quelle aventure singulière elle était devenue l'amie de ce brave homme. qui semblait beaucoup plus fait pour être son père que son amant. Si vous désirez le savoir, me répondit-elle en riant, faites-vous raconter toute l'histoire par lui-même ; mais dites lui de ne rien omettre. Je n'y manquai pas ; et le bon capitaine, après s'être assuré par signes que ce récit ne déplairait pas à l'aimable Française, me parla ainsi :

« Un officier de mes amis ayant eu une commission pour Rome, je pris un congé de six mois et je l'y accompagnai.

» J'ai saisi avec grand plaisir l'occasion de voir une ville dont le nom a conservé quelque chose de puissant qui impose par les grands souvenirs qu'il rappelle. Je ne doutais pas que la langue latine n'y fût généralement parlée par la bonne société, et au moins aussi commune qu'en Hongrie. J'ai été cruellement trompé, car personne ne la parle, pas même les ecclésiastiques, qui ne se piquent que de savoir l'écrire, ce que plusieurs font en effet avec beaucoup de pureté. Je m'y suis donc trouvé très embarrassé, et, à l'exception de la vue, mes autres sens y ont été passablement oisifs.

» Il y avait un mois que je m'ennuyais dans cette ancienne reine du monde, lorsque le cardinal Albani donna à mon ami des dépêches pour Naples. Avant son départ, il me recommanda à Son Eminence, et d'une manière si efficace, que le cardinal me promit sous peu de jours un paquet pour l'infant duc de Parme, de Plaisance et de Guastalla, me disant en même temps que mon voyage serait payé. Désirant voir le port que les anciens appelaient *Centum cellæ* aujourd'hui *Civita-Vecchia*, j'ai profité du temps et j'y ai été avec un cicerone qui parlait latin.

» Me trouvant sur le port, je vis descendre d'une tartane un vieil officier et cette jeune fille habillée comme vous la voyez. Elle me frappa ; mais je n'y aurais plus pensé si l'officier ne fût venu se loger, non seulement à la même auberge où j'étais descendu mais encore dans un appartement où, sans en avoir la moindre envie, j'étais obligé de plonger mes regards dès que je regardais au travers de ma fenêtre. Le soir, je les vis soupant à la même table en face l'un de l'autre, sans que l'officier lui adressât une seule fois la parole. A la fin du souper, la fille se leva et s'en alla, sans que son compagnon détachât ses regards de dessus une lettre qu'il lisait, à ce qu'il me parut avec beaucoup d'attention. Un quart d'heure après, l'officier ferma les fenêtres, on éteignit la lumière et on alla sans doute se coucher. Le lendemain matin, levé de bonne heure comme à mon ordinaire, je vis sortir l'officier, et la fille resta seule dans la chambre.

» Je dis à mon cicerone, qui me servait en même temps de domestique, d'aller dire à cette fille habillée en officier que si elle voulait me donner un rendez-vous d'une heure, je lui donnerais dix sequins. Il s'acquitta de la commission et revint me dire qu'elle lui avait répondu en français qu'elle allait partir pour Rome après avoir déjeuné, et que là il me serait facile de trouver le moyen de lui parler.

» — Je saurai certainement du voiturier, me dit le cicerone, où elle ira loger, et je n'oublierai pas de m'en informer.

» Elle partit effectivement avec l'officier, et moi je retournai à Rome le lendemain.

» Le surlendemain de mon retour, le cardinal me remit mes dépêches, adressées à M. Dutillot, ministre du duc, avec un passeport et l'argent nécessaire pour mon voyage, en me disant avec affabilité que je n'avais pas besoin de me presser.

» Je ne pensais plus à la belle aventurière, quand deux jours avant mon départ mon cicerone vint me dire qu'il avait découvert où elle logeait et qu'elle était avec le même officier. Je lui dis de tâcher de la voir et de la prévenir que je devais partir le surlendemain. Elle me fit dire que, si je lui faisais savoir l'heure de mon départ, elle se trouverait à deux cents pas hors de la ville et qu'elle monterait en voiture avec moi pour aller plus loin. Trouvant cet arrangement ingénieux, je lui fis dire dans la journée l'heure de mon départ et l'endroit où je l'attendrais hors de la porte du Peuple.

» Elle fut exacte au rendez-vous, et nous ne nous sommes plus quittés depuis. Dès qu'elle fut à côté de moi dans la voiture, elle me fit entendre qu'elle voulait venir dîner avec moi. Vous pouvez deviner la peine que nous eûmes à nous entendre ; mais nous nous devinâmes à force de gestes, et j'acceptai la partie avec plaisir.

» Nous dinâmes gaiement ensemble, parlant quelquefois sans nous comprendre ; mais, après le dessert nous nous comprîmes parfaitement. Je croyais la chose finie, mais imaginez ma surprise quand, voulant lui donner les dix sequins, elle les refusa positivement, me faisant fort bien comprendre qu'elle préférait aller à Parme avec moi, qu'elle avait quelque chose à faire dans cette ville et qu'elle ne voulait pas retourner à Rome. L'aventure ne me déplaisant pas, j'y consentis, fâché seulement de ne pouvoir lui faire comprendre que, si on venait à la suivre pour la ramener à Rome, je n'étais pas dans le cas de la garantir de cette violence. J'étais fâché aussi que dans l'ignorance réciproque où nous étions, moi de sa langue et elle de la mienne, je n'eusse aucune conversation à espérer ; j'aurais aussi beaucoup aimé à lui entendre conter ses aventures, que je suppose intéressantes. Vous devinez que j'ignore parfaitement qui elle est. Je sais seulement qu'elle prétend se nommer Henriette, qu'elle ne peut être que Française, qu'elle est douce comme un mouton, qu'elle semble avoir reçu une bonne éducation et qu'elle est bien portante. Elle doit avoir de l'esprit et du courage, comme nous avons pu nous en apercevoir, moi à Rome, et vous à Césène, à la table du général. Si elle veut vous conter son histoire et vous permettre de me la traduire en latin, dites-lui qu'elle me fera grand plaisir, car je suis sincèrement son ami ; et je puis vous assurer que j'éprouverai bien de la peine lorsque nous devrons nous quitter à Parme. Dites-lui aussi, je vous prie, que je lui donnerai les trente sequins que j'ai reçu de l'évêque de Césène, et que, si j'étais riche, je ne bornerais pas à cela les signes de mon affection et de mon tendre attachement. A présent, monsieur, je vous prie de lui expliquer bien tout cela en français. »

Après lui avoir demandé si une grande exactitude dans ma traduction ne lui ferait pas de la peine, et avoir reçu l'assurance qu'au contraire elle la désirait je lui rendis littéralement tout ce que le capitaine m'avait dit.

Henriette avec la plus noble franchise, à laquelle une légère teinte de honte donnait un nouveau prix, me confirma la vérité du récit de son ami ; mais elle me pria de lui dire qu'elle ne pouvait le satisfaire touchant les aventures de sa vie.

— Dites-lui, je vous prie, que le même principe qui ne me permet pas de mentir, me défend de dire la vérité. Quant aux trente sequins qu'il a l'intention de me donner, veuillez l'assurer que je n'en accepterai pas un seul, et qu'il m'affligerait s'il s'avisait d'insister. Je désire qu'arrivés à Parme, il me laisse aller loger seule où bon me semblera, sans s'informer de ce que je puis être devenue, et s'il vient à me rencontrer par hasard, qu'il daigne ajouter à ses bontés en ne faisant point semblant de me reconnaître.

En achevant cette petite harangue, qu'elle avait débité avec beaucoup de sérieux et le ton modeste et ferme de la résolution, elle embrassa son vieil ami d'une façon où le sentiment se peignait plus que la tendresse. L'officier, qui ne savait pas à quel propos elle l'embrassait ainsi, fut très mortifié quand je lui eus rendu le discours d'Henriette. Il me pria de lui dire que, pour qu'il fût possible de lui obéir sans répugnance, il était nécessaire qu'il sût que lorsqu'elle serait dans cette ville elle était sûre d'avoir tout ce qu'il lui fallait pour ses besoins.

— Vous pouvez l'assurer, me dit-elle, qu'il ne doit avoir aucune inquiétude sur mon sort.

Après cette conversation, aussi tristes les uns que les autres, nous restâmes longtemps les yeux baissés et sans proférer une parole; mais, fatigué de cette situation, je me levai en leur souhaitant une bonne nuit, et je vis la figure d'Henriette tout en feu.

Dès que je fus dans ma chambre, ému par le plus vif sentiment d'amour, de surprise et d'incertitude, je commençai à me parler à moi-même à haute voix, comme je le fais toujours quand je suis profondément pénétré de quelque idée. La pensée muette ne me suffit pas; il faut que je parle, et je mets tant de vivacité et d'action dans mes colloques avec moi-même, que je finis par oublier que je suis seul. L'explication absolue d'Henriette me mettait aux champs.

— Qui est donc cette fille, disais-je à l'air, qui mêle les sentiments les plus élevés à l'apparence d'un libertinage cynique ? A Parme, dit-elle, elle veut rester ignorée, être sa maîtresse : et je n'ai pas le droit de me flatter qu'elle ne m'imposera pas la même loi qu'elle a imposé à l'officier à qui elle s'est déjà donnée. Adieu mon espoir, mes dépenses et mes illusions ! Mais qui peut-elle être ? Il faut ou qu'elle ait un amant ou un mari à Parme, ou qu'elle appartienne à des parents respectables, ou qu'enfin, par un esprit de libertinage sans bornes et confiante dans ses charmes, elle veuille défier la fortune de la plonger dans l'abîme de l'abjection, dans l'alternative de trouver quelque grand seigneur qui s'attache à son char. Ce serait le projet d'une personne désespérée, et Henriette ne me semble pas dans ce cas. Elle n'a cependant rien, et, comme si elle était pourvue de tout, elle ne veut rien accepter d'un honnête homme qui peut lui offrir et dont à bon droit elle peut recevoir sans rougir, puisqu'elle n'a pas rougi d'avoir pour lui des complaisances que l'amour ne commandait pas. Croit-elle qu'il y ait moins de honte à s'abandonner aux désirs d'un homme qu'on ne connaît pas et qui ne peut inspirer un tendre sentiment, qu'à recevoir un présent d'un ami qu'on estime, et surtout au moment de se trouver dans la rue, dépourvue de tout, et au milieu d'une ville étrangère dont elle ne connaît pas même la langue ?

Voudrait-elle par là justifier le faux pas qu'elle a fait avec le capitaine, et lui faire comprendre qu'elle ne s'est livrée à lui que pour échapper à l'officier qui la possédait à Rome ? Mais elle doit être bien sûre que le capitaine ne peut avoir une autre idée ; car il se montre trop raisonnable pour qu'on puisse lui supposer l'idée de lui avoir inspiré une vive passion pour en avoir été vue à Civita-Vecchia une seule fois au travers d'une fenêtre. Elle pouvait donc avoir raison et se croire justifiée envers lui, mais non pas envers moi ; car avec son esprit elle devait bien savoir que si elle ne m'avait rien inspiré, je ne serais pas parti avec eux ; et elle ne pouvait ignorer qu'elle n'avait qu'un seul moyen de se faire pardonner. Elle pouvait avoir des vertus, me disais-je ; mais elle n'a pas celle qui doit m'empêcher de prétendre à la seule récompense réelle qu'un homme puisse attendre de la femme dont il est épris.

Si elle croit pouvoir jouer la vertu à mon égard et me rendre sa dupe, je crois mon honneur engagé à lui prouver qu'elle se trompe.

Après ce monologue, qui m'avait encore irrité davantage, je me déterminai à m'expliquer le lendemain matin avant de partir. Je lui demanderai, me dis-je, les complaisances que son vieux capitaine en a obtenues si facilement, et si elle me les refuse, je m'en vengerai en lui témoignant un froid et profond mépris avant que nous arrivions à Parme. Il me semblait évident qu'elle ne pouvait me refuser des marques de tendresse vraies ou fausses, qu'en affectant une vertu qu'elle n'avait pas ; or, je pensais que cette vertu n'étant que simulée, je ne devais pas en être le jouet.

Quant à l'officier, j'étais sûr, d'après ce qu'il m'avait dit, qu'il ne trouverait pas mauvais que je fisse ma déclaration, car avec un sens droit il ne pouvait être que neutre.

Satisfait de mes raisonnements et ferme dans ma résolution, je m'endors. Henriette occupait trop ma pensée pour que son image ne vint pas m'occuper en songe ; mais ce songe, qui dura toute la nuit, était si fort empreint de vérité, qu'à mon réveil je la cherchais encore à mes côtés ; et mon imagination était si frappée des charmes de cette nuit, que si ma porte n'eût pas été fermée au verrou, je me serais persuadé qu'elle m'avait quitté pendant mon sommeil pour reprendre sa place auprès du bon Hongrois.

A mon réveil, je trouvai que le songe continuel de cette heureuse nuit m'avait rendu fou de cette belle personne ; et cela ne pouvait être autrement. Que le lecteur se figure un pauvre diable qui se couche accablé de fatigue et mourant de faim : il succombe au sommeil, le plus impérieux des besoins, mais il se croit en songe devant une table abondamment servie — et qu'arrive-t-il ? Le résultat nécessaire. Son estomac, plus vif que la veille, ne lui laisse point de repos ; il faut qu'il se satisfasse ou qu'il meure d'inanition.

Je m'habille, déterminé à me rendre certain de la possession de celle qui m'enflammait, même avant de monter en voiture. Si je ne réussis pas, me dis-je, je ne vais pas plus loin. Mais pour ne point blesser les convenances et n'avoir rien à me reprocher envers un honnête homme, je sentis qu'il était de mon devoir de m'expliquer préalablement avec mon compagnon de voyage.

Etant prêt, je passe dans la chambre de mes deux compagnons de voyage, et après leur avoir fait compliment sur leur bonne mine, je dis à l'officier que j'étais fortement amoureux d'Henriette, et je lui demande s'il trouverait mauvais que je tâchasse de lui persuader de devenir ma maîtresse.

— Ce qui l'oblige, ajoutai-je, de vous prier de la laisser dans cette ville sans que vous fassiez semblant de la connaître ne peut être qu'un amant qu'elle doit espérer d'y trouver ; et je me flatte, si vous me voulez laisser une demi-heure tête à tête, de lui persuader de me sacrifier cet amant. Si elle me refuse, je reste ici ; vous irez à Parme avec elle, et vous laisserez ma voiture à la poste en m'en envoyant un reçu pour que je puisse la retirer à ma volonté.

— Dès que nous aurons déjeuné, me dit le brave capitaine, je sortirai pour aller voir l'Institut, et vous resterez seul avec elle. Tâchez de réussir, car je serais ravi qu'en la quittant elle passât en vos mains. Si elle persiste dans la résolution qu'elle a énoncée, je trouverai facilement ici un voiturier et vous garderez votre voiture. Je vous remercie de votre proposition, et je vous quitterai avec chagrin.

Enchanté d'avoir fait la moitié du chemin et de me voir près du dénoûment, je demande à ma belle Française si elle était curieuse de voir ce que Bologne renfermait de curieux.

— Je le voudrais volontiers, me dit-elle, si j'avais les habits de mon sexe ; mais comme je suis, je ne me soucie pas d'aller me montrer à toute la ville.

— Vous ne sortirez donc pas ?

— Non.

— Je vous tiendrai compagnie.

— J'en serai charmée.

Nous déjeunâmes gaiement, ensuite le capitaine sortit. Dès qu'il fut parti, je dis à Henriette que son ami sortait pour me laisser seul avec elle, parce que je lui avais dit que j'avais besoin d'un tête-à-tête.

— L'ordre que vous lui avez fait donner hier de vous oublier, de ne point s'informer de vous, de ne pas faire semblant de vous connaître quand le hasard le fera vous rencontrer, aussitôt que nous serons arrivés à Parme, me regarde-t-il aussi ?

— Ce n'est pas un ordre que je lui ai donné, je

n'en ai pas le droit et je ne m'oublierais pas à ce point ; ce n'est qu'une prière que je lui ai faite, un service que des circonstances m'ont forcée à lui demander ; et comme il n'a nul droit de me le refuser, je n'ai pas douté un seul instant qu'il ne me l'accordât. Pour ce qui vous regarde, il est certain que je n'aurais pas manqué de vous faire la même prière, si j'avais pu penser que vous eussiez quelques vues sur moi. Vous m'avez donné des marques d'amitié ; mais vous devez sentir que si, d'après les circontances, les soins que le capitaine voudrait me rendre pouvaient me nuire, les vôtres ne pourraient que me nuire davantage. Puisque vous avez de l'amitié pour moi, vous auriez pu deviner tout ceci.

— Puisque vous savez que j'ai de l'amitié pour vous, vous devez deviner aussi qu'il ne m'est pas possible de vous laisser seule, sans argent, sans moyens, au milieu d'une ville où vous ne pouvez pas même vous faire entendre. Trouvez-vous qu'un homme auquel vous avez inspiré la plus tendre amitié puisse vous abandonner après vous avoir connue, lorsqu'il sait par vous-même la situation où vous êtes ? Si vous le croyez, vous n'avez pas une idée juste de l'amitié ; et si cet homme vous accorde ce que vous demandez, il n'est pas votre ami.

— Je suis sûre que le capitaine est mon ami, et vous l'avez entendu : il m'oubliera.

— Je ne sais ni de quelle espèce est l'amitié que ce brave homme peut avoir pour vous, ni quel fonds il peut faire sur son propre pouvoir ; mais je sais que s'il peut vous faire le plaisir que vous lui avez demandé, son amitié est d'une tout autre nature que la mienne; car je me crois obligé de vous dire que non seulement il ne m'est pas possible de vous faire avec facilité le singulier plaisir de vous abandonner dans l'état où je vous vois, mais même que l'exécution de ce que vous désirez m'est impossible, si je vais à Parme; car je vous aime d'une manière telle, qu'il faut ou que vous me promettiez d'être à moi, ou que je reste ici. Alors vous irez à Parme seule avec le capitaine, car je sens que, si je vous accompagnais plus loin, je deviendrais le plus malheureux des hommes, soit que je vous visse avec un autre amant, avec un mari ou au sein de votre famille, enfin si je ne pouvais pas vous voir et vivre avec vous. Oubliez-moi, sont deux mots faciles à prononcer; mais sachez, belle Henriette, que si l'oubli est possible à un Français, un Italien, si j'en juge par moi, n'a pas ce singulier pouvoir. Enfin, madame, mon parti est pris; il faut que vous ayez la bonté de vous expliquer maintenant, et de me dire si je dois vous accompagner à Parme, ou si je dois rester ici. Répondez oui ou non. Si je reste ici tout est dit. Je pars demain pour Naples, et je suis certain de me guérir de la passion que vous m'avez inspirée; mais si vous me dites que je puis vous accompagner à Parme, il faut m'assurer la possession de votre cœur tout entier. Je veux être seul en possession de vos charmes, avec la condition, si vous le voulez, que vous ne me rendrez complètement heureux que quand vous jugerez que je m'en suis rendu digne par mes soins et mes attentions. Choisissez avant que ce trop heureux brave homme rentre. Il sait tout, je lui ai tout dit.

— Que vous a-t-il répondu ?

— Qu'il serait charmé de vous laisser entre mes mains. Que signifie ce sourire à demi bouche ?

— Laissez-moi rire, je vous en prie ; car je n'ai de ma vie eu l'idée d'une déclaration d'amour furieuse. Comprenez-vous bien ce que c'est que dire à une femme dans une déclaration d'amour qui devrait être vive, mais tendre et douce : Madame, l'un des deux ; choisissez sur-le-champ ? Ah ! ah ! ah !

— Je le comprends à merveille. Cela n'est ni doux, ni galant, ni pathétique : mais c'est passionné. Songez que c'est une affaire sérieuse et que je ne me suis jamais trouvé si pressé. Sentez-vous à votre tour la situation pénible d'un homme amoureux qui se voit au moment de devoir prendre un parti qui peut décider même de sa vie ? Veuillez faire attention que, malgré tout mon feu, je ne vous manque en rien ; que le parti que je vais prendre, si vous persistez dans votre idée, n'est pas une menace, mais bien un effort héroïque qui doit me rendre digne de toute votre estime. Enfin je vous prie d'observer que nous n'avons pas de temps à perdre. Le mot « choisissez » ne doit pas vous paraître dur, au contraire, puisqu'il vous rend l'arbitre de mon sort comme du vôtre. Pour être persuadée que je vous aime, voudriez-vous que je vinsse à vos pieds, comme un benêt, vous prier en pleurant d'avoir pitié de moi ? Non, madame, cela vous déplairait sans doute et ne me mènerait à rien. Sûr que je suis en état de mériter votre cœur, je vous demande de l'amour et non de la pitié. Allez, quittez-moi, si je vous déplais ; mais laissez-moi partir ; car si par un sentiment d'humanité vous désirez que je vous oublie, souffrez que j'aille loin de vous me rendre cet effort moins pénible. Si je vous suis à Parme, je ne répondrai pas de moi, car j'y serais dans une sorte de désespoir. Réfléchissez actuellement ; je vous le demande en grâce, et vous verrez que vous auriez à mon égard un tort impardonnable si vous me disiez : Venez à Parme, quoique je vous prie de ne point chercher à me voir. Convenez-vous qu'avec justice vous ne pouvez pas me dire cela ?

— J'en conviens, s'il est vrai que vous m'aimiez.

— Dieu soit loué ! Oui, soyez sûre que je vous aime bien sincèrement. Choisissez donc, et prononcez.

— Et toujours sur le même ton ?

— Oui

— Mais savez-vous que vous avez l'air en colère ?

— Non, car cela n'est pas ; je ne suis que dans une espèce de paroxysme et dans un moment décisif, mais dans une incertitude affreuse. Je dois en vouloir à ma bizarre fortune et à ces maudits sbires de Césène ; car sans eux je ne vous aurais pas vue.

— Vous êtes donc fâché de m'avoir connue ?

— Eh ! n'ai-je pas bien raison ?

— Point du tout, car je n'ai rien décidé encore.

— Je commence à respirer ; car je gage que vous allez me dire de vous suivre à Parme.

— Oui, venez à Parme.

La scène changea d'aspect et le mot magique : Venez à Parme, fut une heureuse péripétie qui me fit passer du terrible au tendre, du sévère au doux. En effet, je tombai à ses pieds, et, lui serrant amoureusement les genoux, je les lui baisai avec tendresse et reconnaissance. Plus de fureur, plus de ce ton d'invectives qui convient si peu au plus doux des sentiments. Tendre, soumis, reconnaissant, je lui jure de ne lui demander aucune faveur, pas même sa main à baiser, avant d'avoir su mériter son amour ! Cette femme divine, agréablement surprise de me voir passer rapidement du ton du désespoir à la plus vive tendresse, me dit d'un air encore plus tendre que le mien de me lever. Je suis sûre me dit-elle, que vous m'aimez, mais croyez aussi que je ferai tout ce qui dépendra de moi pour m'assurer votre constance.

Quand bien même elle aurait dit quelle m'aimait autant que je l'aimais, elle ne m'aurait rien dit de plus ; car ces mots exprimaient tout. Mes lèvres étaient collées sur ses belles mains quand le capitaine rentra. Il nous fit compliment du ton de la meilleure foi du monde, et je lui dis, l'air rayonnant de bonheur, que j'allais commander les chevaux. Je sortis le laissant avec elle, et bientôt après nous nous mîmes en route joyeux et contents.

Avant d'arriver à Reggio, l'honnête capitaine me dit qu'il croyait convenable que nous le laissassions aller seul à Parme ; qu'en arrivant avec nous, il donnerait lieu à des propos, qu'on lui ferait des questions, et qu'enfin on parlerait beaucoup plus de nous que si nous arrivions seuls. Trouvant, Henriette et moi, ses réflexions fort sages, nous nous déterminâmes sur-le-champ à passer la nuit à Reggio et à le laisser aller seul à Parme dans une voiture de poste. Tout étant convenu, sa malle chargée sur la petite voiture qu'on lui fournit, il nous dit adieu et partit en nous promettant de venir dîner le lendemain avec nous.

La démarche de cet honnête Hongrois dut plaire à mon amie autant qu'à moi, puisque notre délicatesse se trouvait engagée à beaucoup de réserve en sa présence; car, par suite de notre nouvel arrangement, comment aurions-nous pu nous loger à Reggio? Henriette en tout honneur n'aurait plus pu partager le lit du capitaine, ni, sans blesser sa modestie, venir prendre place dans le mien. Nous aurions ri tous trois de cette réserve que nous aurions trouvée ridicule, et à laquelle pourtant nous nous serions soumis. L'amour est un petit être ennemi de la honte, quoiqu'il cherche souvent l'obscurité et le mystère; mais s'il lui donne prise, il se sent avili et dès lors il perd les trois quarts de sa dignité et une grande partie de ses charmes. Il est facile de sentir qu'Henriette, comme moi, ne pouvait être heureuse qu'en éloignant le souvenir de ce brave homme.

Nous soupâmes tête à tête, moi enivré de mon bonheur qui me paraissait trop grand, et pourtant triste; mais Henriette, qui paraissait triste aussi, n'avait rien à me reprocher. Ce n'était au fond que de l'embarras; car nous nous aimions, mais nous n'avions pas eu le temps de nous connaître. Nous dîmes peu de choses, mais rien de piquant, rien d'intéressant: nos propos nous paraissaient insipides et nous nous complaisions dans nos pensées. Nous savions que nous allions passer la nuit ensemble; mais nous aurions craint d'être indiscrets si nous en avions fait mention. Quelle nuit! quelle femme que cette Henriette, que j'ai tant aimée, qui m'a rendu si heureux!

Ce ne fut que trois ou quatre jours après que je me hasardai à lui demander ce qu'elle aurait fait, sans le sou, n'ayant aucune connaissance à Parme, dans le cas où j'aurais craint de lui déclarer mon amour et que je fusse parti pour Naples. Elle me répondit qu'elle se serait vraisemblablement trouvée dans le plus grand embarras ; mais qu'elle était sûre que je l'aimais, et quelle avait prévu ce qui était arrivé.

## X

## Mademoiselle C. C.

M. de Bragadin partant le lendemain pour Padoue,
je l'y accompagnai. Cet aimable vieillard abandon-
nait à la jeunesse les plaisirs bruyants qui ne lui
convenaient plus, et il allait passer au sein de la paix
les jours que les fêtes vénitiennes lui rendaient ennuyeux. Le samedi suivant, après avoir dîné avec lui
et lui avoir baisé la main, je montai dans une chaise
de poste pour retourner à Venise. Si j'étais parti de
Padoue deux minutes plus tôt ou plus tard, tout ce
qui m'est arrivé depuis aurait été bien différent, et
ma destinée, s'il est vrai qu'elle dépende des combi-
naisons, aurait été tout autre. Le lecteur en jugera.

Parti de Padoue dans ce moment fatal, je rencontre
à Oriago un cabriolet qui venait au grand trot de
deux chevaux de poste. Il y avait dedans une très
jolie femme et un homme en uniforme allemand. A
quelques pas de moi, le cabriolet verse du côté de la
rivière, et la femme, tombant par-dessus le cavalier,
court le plus grand danger de rouler dans la Brenta.
Je saute hors de mon chariot sans me donner le
temps de faire arrêter et je vole au secours de la

dame, réparant d'une main chaste le désordre que la chute avait occasionné à sa toilette.

Son compagnon, qui s'était relevé sans accident, accourt, et voilà la belle versée sur son séant, tout ébahie et moins confuse de sa chute que de l'indiscrétion de ses jupes qui avaient laissé à découvert tout ce qu'une honnête femme ne montre jamais à un inconnu. Dans ses remercîments, qui durèrent tout le temps que son postillon et le mien mirent à relever le cabriolet, elle m'appela souvent son sauveur, son ange tutélaire.

Le dommage étant réparé, la dame continua sa route vers Padoue ; et moi vers Venise, où à peine arrivé, je n'eus que le temps de me masquer pour aller à l'Opéra.

Le lendemain je me masque de bonne heure pour aller suivre le *Bucentaure*, qui, favorisé par un beau temps, devait être mené au *Lido* pour là grande et ridicule cérémonie.

Je prenais mon café à visage découvert sous les *procuratie* de la place Saint-Marc, quand un beau masque femelle me donna galamment un coup d'éventail sur l'épaule. Ne connaissant pas le masque, je ne fis pas grande attention à cette agacerie ; et après avoir achevé mon café je reprends mon masque et je m'achemine vers le quai du Sépulcre, où m'attendait la gondole de M. de Bragadin. Vers le pont de la Paille, j'aperçois le même masque attentif à regarder l'image d'un monstre qu'on montrait pour dix sous. Je m'approche du masque et je lui demande pourquoi il m'avait battu.

— Pour vous punir de ce que vous ne me connaissez pas après m'avoir sauvé la vie.

Je devine que c'est la belle que j'ai secourue la

veille aux bords de la Brenta, et, après lui avoir fait compliment, je lui demande si elle va suivre le *Bucentaure*.

— J'irais volontiers, me dit-elle, si j'avais une gondole sûre.

Je lui offre la mienne, qui était des plus grandes, et, ayant consulté le masque qui l'accompagnait, elle accepte. Prêts à y entrer, je les invite à se démasquer ; mais ils me disent qu'ils ont des raisons pour demeurer inconnus. Je les prie alors de me dire s'ils appartiennent à quelque ambassadeur, car, dans ce cas, je me verrais, quoique à regret, forcé de les prier de descendre ; mais ils m'assurent qu'ils sont Vénitiens. La gondole étant à la livrée d'un patricien, j'aurais pu me trouver compromis avec les inquisiteurs d'Etat, ce que je désirais éviter.

Nous suivions le *Bucentaure*, et assis auprès de la dame, je me permets quelques libertés ; mais elle me déconcerte en changeant de place. Après la fonction nous retournâmes à Venise, et l'officier me dit que si je voulais leur faire l'honneur d'aller dîner avec eux au Sauvage, je les obligerais. J'acceptai, car j'étais curieux de connaître cette femme : ce que j'en avais vu lors de sa chute rendait ma curiosité très naturelle. L'officier me laissa seul avec elle et prit les devants pour aller commander le dîner.

Dès que je fus seul avec ma belle, à la faveur du masque je lui dis que j'étais amoureux d'elle, que j'avais une loge à l'Opéra dont je lui offrais l'entière jouissance, et que, si elle voulait me laisser l'espoir de ne pas perdre mon temps, je la servirais pendant tout le carnaval.

— Si vous avez l'intention d'être cruelle, je vous prie de me le dire franchement.

— Je vous prie aussi de me dire avec qui vous croyez être.

— Avec une femme tout aimable, que vous soyez princesse ou de basse condition. Ainsi j'ose espérer que vous me donnerez, dès aujourd'hui, des marques de vos bontés, ou, après le dîner, j'aurai l'honneur de vous tirer ma révérence.

— Vous ferez ce que vous voudrez ; mais j'espère qu'après dîner vous changerez de langage, car le ton que vous prenez n'est pas engageant. Il me semble qu'avant d'en venir à une explication pareille il faudrait commencer par se connaître. Sentez-vous bien cela ?

— Oui, je le sens ; mais j'ai peur d'être trompé.

— Eh ! que c'est singulier ! Et cette peur vous fait commencer par où l'on finit ?

— Je ne demande aujourd'hui qu'un mot d'encouragement. Donnez-le-moi, et vous me verrez modeste, soumis et discret.

— Modérez-vous.

Nous trouvâmes l'officier à la porte du Sauvage, et nous montâmes. Dès que nous fûmes dans la chambre elle se découvrit, et je la trouvai bien mieux que la veille. Il me restait à savoir pour la forme et le cérémonial si l'officier était son mari, son amant, son parent ou son conducteur ; car, fait aux aventures, je désirais connaître de quelle nature était celle que je venais d'entamer.

Nous nous mettons à table, et la manière dont monsieur et madame en agissent m'oblige par prudence à m'observer. Ce fut à lui que j'offris ma loge et elle fut acceptée ; mais comme je ne l'avais pas, après le dîner je sortis sous prétexte d'affaires, et j'allai m'en procurèr une. J'en pris une à l'Opéra-

Buffa, où brillaient Petrici et Lasqui, et après l'opéra je leur donnai à souper dans une auberge ; ensuite je les conduisis chez eux dans ma gondole, où, à la faveur de la nuit, j'obtins de la belle toutes les faveurs qu'on peut accorder auprès d'un tiers qu'on doit ménager. A notre séparation, l'officier me dit :

— Vous aurez demain de mes nouvelles.

— Où donc et comment ?

— Ne vous en inquiétez pas.

Le lendemain matin on m'annonce un officier ; c'était lui-même. Après quelques compliments d'usage et lui avoir fait mes remercîments pour l'honneur qu'il m'avait fait la veille, je le priai de me dire à qui j'avais l'honneur de parler. Voici ce qu'il me répondit, parlant très bien, mais sans me regarder :

Je m'appelle P. C. Mon père est riche et considéré à la Bourse ; mais nous sommes brouillés. Je demeure sur le quai de Saint-Marc. La dame que vous avez vue est née O., elle est femme du courtier C., et sa sœur est l'épouse du patricien P. M. M^{me} C. est brouillée avec son mari et j'en suis la cause, comme je suis brouillé avec mon père à cause d'elle.

Je porte cet uniforme en vertu d'un brevet de capitaine au service autrichien, mais je n'ai jamais servi. Je suis chargé de l'approvisionnement des bœufs pour l'Etat vénitien, et je tire ces provisions de la Styrie et de la Hongrie. Cette entreprise liquidée m'assure un bénéfice de dix mille florins par an ; mais un embarras imprévu et auquel il faut que je remédie, une banqueroute frauduleuse et des dépenses extraordinaires me mettent pour le moment dans une grande gêne. Il y a quatre ans qu'ayant entendu parler de vous, je conçus le désir de faire votre connaissance ; et je crois que c'est le ciel qui me l'a fait faire avant-hier.

Je n'hésite pas à vous demander un plaisir essentiel qui nous unira de l'amitié la plus étroite. Devenez mon soutien sans courir aucun risque : acceptez ces trois lettres de change et ne craignez pas d'avoir à les escompter à l'échéance ; car je vous cède ces trois autres, dont le payement sera effectué avant l'échéance des vôtres. En outre je vous hypothèque la conduite des bœufs pour toute l'année ; de sorte que, si je vous manquais, vous pourriez séquestrer à Trieste tous mes bœufs, qui ne peuvent venir que par là.

Etonné de ce discours et de ce projet, qui me paraissait chimérique et dans lequel je ne voyais qu'une foule d'embarras que j'abhorrais, l'idée singulière de cet homme qui, s'imaginant que je pourrais facilement donner dans le panneau, me donne la préférence sur cent autres qu'il devait mieux connaître : je n'hésitai pas à lui dire que je n'accepterais jamais son offre. Son éloquence redoubla pour me convaincre ; mais je l'embarrassai en lui disant que j'avais lieu d'être surpris qu'il m'eût préféré à toutes ses connaissances, moi qui n'avais l'honneur de lui être connu que depuis deux jours. Monsieur, me dit-il effrontément, vous ayant connu pour un homme de beaucoup d'esprit, je me suis persuadé que vous verriez de suite l'avantage que je vous offre, et que par conséquent vous ne feriez aucune difficulté d'accepter.

— Vous devez vous être désabusé à cette heure, et vous me prendrez sans doute pour un sot en voyant que je croirais être votre dupe si j'acceptais.

Il partit en me demandant excuse et en me disant

qu'il espérait me voir le soir sur la place Saint-Marc, où il serait avec M^me C. Il me laissa son adresse en me disant qu'à l'insu de son père il occupait encore son appartement. C'était me dire que je devais lui rendre ma visite ; mais si j'avais été sage, je m'en serais dispensé.

Dégoûté du dévolu que cet homme avait jeté sur moi, je ne me sentis plus aucune envie de tenter fortune auprès de sa belle ; car il me parut que ce couple avait résolu de me rendre leur dupe, et, comme je n'avais nul désir de le devenir, j'évitai de les voir le soir à la place Saint-Marc. J'aurais dû m'en tenir là ; mais le lendemain, poussé par mon mauvais génie, et jugeant qu'une visite de politesse ne tirerait point à conséquence, j'allai le voir.

Un domestique m'ayant conduit dans sa chambre, il m'accueillit avec beaucoup de prévenance et me fit d'obligeants reproches de ne m'être pas fait voir la veille au soir. Ensuite il me reparla de son affaire et me montra un fatras de papiers, ce qui m'ennuya fort. Si vous voulez accepter les trois lettres, me dit-il, je vous associerai à mon entreprise. Par cette marque d'amitié extraordinaire, il me rendait, d'après lui, riche de cinq mille florins par an, mais, pour toute réponse, je le priai de ne m'en plus parler de la vie. J'allais prendre congé, lorsqu'il me dit qu'il voulait me présenter sa mère et sa sœur.

Il sort, et, deux minutes après, il rentre avec elles. La mère était une femme d'un air ingénu et respectable, mais la fille était un modèle de beauté. J'en fus ébloui. Un quart d'heure après, la très confiante mère me demanda la permission de se retirer, et sa fille resta. Il ne lui fallut pas une demi-heure pour me captiver. J'étais enchanté de toutes ses perfections ; et son esprit vif, naïf et nouveau pour moi, sa candeur, son ingénuité, ses sentiments naturels et élevés, sa vivacité gaie et innocente, cet ensemble enfin qui se forme de la beauté, de l'esprit et de l'innocence, ensemble qui eut toujours sur moi un empire absolu, tout acheva de me rendre l'esclave de la femme la plus parfaite qu'il soit possible d'imaginer.

M^{lle} C. C. ne sortait jamais qu'avec sa mère, qui était dévote et pourtant indulgente. Elle n'avait à lire que les livres de son père, homme sage qui n'avait point de romans, et elle brûlait d'envie d'en lire. Elle avait aussi la plus grande envie de connaître Venise ; et, personne ne fréquentant la maison, on ne lui avait pas encore dit qu'elle était un véritable prodige. Son frère écrivait et je conversais avec elle, ou plutôt je répondais aux nombreuses questions qu'elle me faisait, et auxquelles je ne pouvais satisfaire qu'en ajoutant aux idées qu'elle avait déjà et qu'elle était tout étonnée de se reconnaître, car son âme était encore dans le chaos. Je ne lui dis cependant point qu'elle était belle et qu'elle m'intéressait au suprême degré ; car, ayant menti sur ce point à l'égard de tant d'autres, j'avais peur de lui paraître suspect.

Je quittai cette maison triste et rêveur, trop pénétré des rares qualités que j'avais découvertes dans cette ravissante personne, et je me promis d'abord de ne plus la revoir, car je croyais sentir que je n'étais pas homme à lui sacrifier entièrement ma liberté en la faisant demander pour femme, quoique je la jugeasse faite à dessein pour faire mon bonheur.

Il y avait deux jours que j'avais fait ma visite à

P. C., lorsque je le rencontrai dans la rue. Il me dit que sa sœur ne faisait que parler de moi, qu'elle avait retenu quantité de choses que je lui avais dites, et que sa mère était enchantée qu'elle eût fait ma connaissance. — Elle serait, me dit-il, un bon parti pour vous, car elle aura dix mille ducats courants de dot. Si vous venez me voir demain, nous prendrons le café avec ma mère et ma sœur.

Je m'étais promis de ne plus mettre les pieds chez lui ; je ne tins pas parole. Au reste, en pareil cas l'homme se détermine facilement à manquer à sa promesse.

Je passai trois heures à causer avec cette charmante personne, et je la quittai amoureux à l'excès. Je lui dis, avant de m'en aller, que j'enviais le sort de celui qui l'aurait pour femme, et ce compliment, le premier qu'elle eût reçu de cette espèce, couvrit son beau visage du plus vif incarnat.

En me retirant, je me mis à examiner le caractère du sentiment que j'éprouvais pour elle, et j'en fus effrayé, car je ne pouvais agir avec C. C. ni en honnête homme ni en libertin. Je ne pouvais pas me flatter d'obtenir sa main, et il me semblait que j'aurais poignardé quiconque m'aurait conseillé de la séduire. J'avais besoin de me distraire : j'allai jouer. Le jeu est parfois un lénitif excellent pour calmer l'amour. Je jouai de bonheur et je me retirai la bourse pleine d'or.

Le lendemain P. C. vint me voir et me dit d'un air tout joyeux que sa mère avait permis à sa sœur d'aller à l'Opéra avec lui, que la petite en était enchantée, parce qu'elle n'y avait jamais été, et que, si cela me faisait plaisir, je pouvais les attendre quelque part.

— Mais votre sœur sait-elle que vous voulez m'admettre de la partie ?

— Elle s'en fait une fête.

— Et madame votre mère le sait-elle ?

— Non ; mais quand elle le saura, elle n'en sera pas fâchée, car vous lui avez inspiré de la considération.

— Je vais tâcher d'avoir une loge.

— Fort bien : vous nous attendrez à tel endroit.

Le drôle ne me parlait plus de lettres de change, et, voyant que je ne courtisais plus sa dame et que j'étais épris de sa sœur, il avait enfanté le beau projet de me la vendre. Je plaignis la mère et la fille qui se confiaient à un pareil sujet ; mais je n'avais pas assez de vertu pour refuser la partie. J'allai même jusqu'à me persuader que, puisque je l'aimais, je devais accepter pour la préserver d'autres pièges ; car, si j'avais refusé, il aurait pu trouver quelqu'un moins scrupuleux, et cette idée m'était insupportable. Il semblait qu'avec moi elle ne courait aucun risque.

Je louai une loge à l'Opéra Saint-Samuel et je les attendis au lieu indiqué longtemps avant l'heure. Ils vinrent, et je fus ravi à l'aspect de ma jeune amie. Elle était élégamment masquée, et son frère était en uniforme. Pour ne pas exposer cette charmante personne à être reconnue à cause de son frère, je les fis entrer dans ma gondole. Il voulut que je le fisse débarquer chez sa maîtresse, qu'il nous dit être malade, nous priant de nous rendre à notre loge, où il viendrait nous rejoindre. Je fus surpris que C. C. ne montrât ni surprise ni répugnance à rester seule avec moi dans la gondole ; mais, quant à la disparition du frère, elle ne m'étonna aucunement, car il était évident qu'il voulait en tirer parti.

Je dis à C. C. que jusqu'à l'heure du théâtre nous nous ferions voguer, et que, la chaleur étant forte, elle devait se démasquer, ce qu'elle fit à l'instant. L'obligation que je m'étais imposée de la respecter, la noble assurance qui brillait sur ses traits comme la confiance dans ses regards, la joie innocente qu'elle exprimait, tout faisait accroître mon amour.

Ne sachant que lui dire, car naturellement je ne pouvais lui parler que d'amour, et le point était délicat, je me contentais de fixer sa charmante figure, n'osant pas porter mes regards sur deux globes naissants arrondis par les amours, crainte d'alarmer sa pudeur. Dites-moi donc quelque chose, me dit-elle; vous ne faites que me regarder sans me dire un seul mot. Vous vous êtes sacrifié aujourd'hui, car mon frère vous aurait mené chez sa dame, qui, à ce qu'il dit, doit être belle comme un ange.

— J'ai vu cette dame.

— Elle doit avoir beaucoup d'esprit.

— C'est possible; mais je n'ai pu m'en apercevoir, car je n'ai jamais été chez elle, et j'ai l'intention de n'y aller jamais; ne croyez donc pas, belle C., que je vous fasse le moindre sacrifice.

— Je le croyais; car, comme vous ne parliez pas, je vous croyais triste.

— Si je ne vous parle pas, c'est que je suis trop ému du bonheur que me fait éprouver votre angélique confiance.

— J'en suis enchantée; mais comment pourrais-je manquer de confiance en vous? Je me sens plus libre et bien plus sûre que si j'étais avec mon frère. Ma mère même dit qu'on ne peut pas s'y tromper et que sûrement vous êtes très honnête. D'ailleurs vous n'êtes pas marié : c'est la première chose que j'ai demandée à mon frère. Vous souvenez-vous que vous m'avez dit que vous enviiez le sort de celui qui m'aura pour femme? Moi, je disais dans le même moment que celle qui vous aura pour époux sera la femme la plus heureuse de Venise.

Ces paroles, prononcées avec la naïveté la plus candide et avec ce ton de sincérité qui part du cœur, firent sur moi un effet difficile à décrire ; je souffrais de n'oser imprimer le plus tendre baiser sur les lèvres vermeilles qui venaient de les prononcer ; mais en même temps j'éprouvais une délicieuse jouissance de me voir aimé de cet ange. Dans cette conformité de sentiments, lui dis-je, nous pourrions donc, aimable C., trouver le parfait bonheur si nous pouvions être unis d'une manière inséparable? Mais je pourrais être votre père.

— Vous, mon père? quel conte! Savez-vous que j'ai quatorze ans?

— Savez-vous que j'en ai vingt-huit?

— Eh bien, quel est l'homme qui, à votre âge, ait une fille du mien? Je ris en pensant que, si mon père vous ressemblait, assurément il ne me ferait jamais peur ; je ne pourrais avoir vis-à-vis de lui aucune réserve.

L'heure du théâtre étant venue, nous débarquâmes et le spectacle l'occupa tout entière. Son frère ne vint nous trouver que vers la fin ; car cela entrait dans son calcul. Je leur donnai à souper dans une auberge. où le plaisir de voir cette charmante personne manger de très bon appétit me fit oublier que je n'avais pas dîné. Je ne parlai presque pas pendant tout le souper ; car j'étais malade d'amour, et dans un tel état d'irritation qu'il était impossible qu'il durât longtemps. Pour excuser mon silence, j'affectai d'avoir mal aux dents : on me plaignit, et on me laissa garder le silence.

Après le souper, P. dit à sa sœur que j'étais amoureux d'elle et que je me sentirais soulagé si elle me permettait de l'embrasser. Pour toute réponse, elle se tourne vers moi avec des lèvres riantes qui appelaient le baiser. Je brûlais ; mais je respectais tant cette innocente et naïve créature, que je ne l'embrassai que sur la joue, et encore d'une manière très froide en apparence.

— Quel baiser ! s'écria P. Allons, allons, un bon baiser d'amour ! Je ne bougeais pas : l'impudent instigateur m'ennuyait : mais sa sœur en détournant la tête dit d'un air pénétré : — Ne le pressez pas, car je n'ai pas le bonheur de lui plaire.

Cette expression alarma mon amour ; je ne fus plus maître de moi-même. — Quoi ! m'écriai-je avec feu, quoi ! belle C., vous ne daignez pas attribuer ma retenue au sentiment que vous m'inspirez ? Vous croyez ne pas me plaire ? S'il ne faut qu'un baiser pour vous en assurer, recevez-le avec tout le sentiment que j'éprouve. — Alors la prenant dans mes bras et la serrant amoureusement contre mon sein, je lui imprimai sur la bouche un long et ardent baiser que je mourais d'envie de lui donner ; mais, à sa nature, la timide colombe sentit qu'elle était tombée dans les serres du vautour. Elle se débarrassa de mes bras, tout étonnée de m'avoir découvert amoureux par cette voie. Son frère m'applaudissait, tandis que, pour cacher son trouble, elle se remettait en masque. Je lui demandai si elle croyait encore qu'elle ne me plaisait pas. — Vous m'avez convaincue, me dit-elle ; mais, pour m'avoir détrompée, vous ne devez pas me punir.

Le lendemain P. C. entra chez moi d'un air de triomphe en me disant que sa sœur avait dit à sa mère que nous nous aimions et que, si elle devait se marier, elle ne pourrait être heureuse qu'avec moi.

— J'adore votre sœur, lui dis-je ; mais croyez-vous que votre père veuille me l'accorder ?

— Je ne le crois pas ; mais il est vieux. En attendant, aimez. Ma mère permet qu'elle aille ce soir à l'Opéra avec nous.

— Eh bien, mon cher ami, nous irons.

— Je me vois obligé de vous prier de me rendre un léger service.

— Ordonnez.

— Il y a de l'excellent vin de Chypre à vendre et à bon marché ; je puis en avoir un tonneau moyennant un billet payable en six mois. Je suis sûr de le revendre de suite avec bénéfice ; mais le marchand veut une caution, et il acceptera la vôtre si vous voulez bien me cautionner. Voulez-vous signer mon billet ?

— Avec plaisir.

Je signai sans biaiser ; car quel est le mortel amoureux qui, en pareil cas, aurait refusé ce service à celui qui, pour se venger d'un refus, aurait pu le rendre malheureux ? Nous nous donnâmes ensuite rendez-vous pour le soir, et nous nous séparâmes contents l'un de l'autre.

Après m'être habillé, je sortis et j'achetai une douzaine de paires de gants, autant de paires de bas de soie et une paire de jarretières brodées avec des agrafes d'or, me faisant une fête de faire ce premier présent à ma nouvelle amie.

Je n'ai pas besoin de dire que je fus exact au rendez-vous. Dès que je les eus joints, P. C. me dit qu'ayant des affaires il me laissait avec sa sœur, et qu'il viendrait nous rejoindre au théâtre. Quand il fut parti. je dis à C. C. que nous ne pouvions que nous aller promener en gondole jusqu'à l'heure de l'Opéra. Non, me répondit-elle, allons plutôt dans un jardin de la Zuecca.

— Bien volontiers.

Je prends une gondole de trajet et nous allons à Saint-Blaise dans un jardin que je connaissais et dont, au moyen d'un sequin, je me rendis maître pour toute la journée, et personne ne pouvait plus y entrer. Il se trouva que nous n'avions dîné ni l'un ni l'autre, et, ayant ordonné un bon repas, nous montons dans un appartement, d'où, après avoir quitté nos habits de masque, nous redescendons dans le jardin.

L'aimable C. C. n'avait qu'un corset de taffetas et une petite jupe de même étoffe, mais elle était à ravir dans ce léger costume. Mon œil amoureux perçait ces voiles, et mon âme la voyait toute nue ; je soupirais de désirs, de retenue et de volupté.

Dès que nous fûmes dans la longue allée, ma jeune compagne, leste comme la biche légère, se voyant libre sur la pelouse et n'ayant jamais jusqu'alors joui de ce bonheur, se mit à courir à droite, à gauche, avec tous les signes de la gaieté qui la dominait. Bientôt, obligée de s'arrêter faute d'haleine, elle se mit à rire en me voyant la contempler en silence dans une sorte d'extase. Bientôt elle me défie à la course ; le jeu me plaît, j'accepte ; mais je veux l'intéresser par une gageure. Celui qui perdra, lui dis-je, sera obligé de faire ce que le vainqueur voudra.

— Je le veux bien.

Nous établissons le but et nous partons. J'étais sûr

de gagner ; mais je voulus perdre, pour voir ce qu'elle me condamnerait à faire. D'abord elle court de toutes ses forces tandis que je ménage les miennes, de sorte qu'elle arrive au but avant moi. Tout en reprenant haleine, elle pense à me donner une bonne pénitence, puis elle court se cacher derrière un arbre et me condamne à trouver sa bague. Elle l'avait cachée sur elle, et par là elle me mettait en possession de toute sa personne. Je trouvai la chose charmante, car j'y vis clairement de la malice et de l'intention ; cependant je sentis que je ne devais pas en abuser, sa naïve confiance ayant besoin d'être encouragée. Nous nous asseyons sur l'herbe ; je visite ses poches, les plis de son corset, ceux de son jupon, puis ses souliers, enfin jusqu'à ses jarretières qu'elle avait attachées au-dessous du genou. N'ayant encore rien trouver, je continue mes recherches, et, comme la bague devait être cachée sur elle, il fallait bien que je la trouvasse. Le lecteur devine sans doute que je soupçonnais la charmante cachette où ma belle l'avait mise ; mais avant de venir là il fallait que je me procurasse une foule de jouissances que je savourai avec délices. La bague finit par être découverte entre les deux plus beaux gardiens que la nature ait jamais arrondis ; mais j'étais si ému en la retirant que ma main tremblait visiblement. — Pourquoi tremblez-vous ? me dit-elle.

— Je tremble du plaisir d'avoir trouvé la bague, car vous l'aviez si bien cachée ! Mais vous me devez ma revanche, et cette fois vous ne me vaincrez pas.

— Nous verrons.

Nous partons, et, ne la voyant pas courir bien vite, je crus que je la devancerais à volonté. Je me trompais. Elle avait ménagé ses forces, et, quand nous fûmes aux deux tiers de la course, s'élançant tout à coup, elle me devance et je me vois perdu. Je m'avise d'une ruse dont l'effet est immanquable ; je fais semblant de tomber tout de mon long en poussant un cri douloureux. La pauvre petite s'arrête, court à moi, tout effrayée et m'aide à me relever en me plaignant. Quant je me vois debout et devant, je me mets à rire, et, prenant mon élan, j'atteint le but qu'elle en était bien loin encore.

La charmante coureuse tout ébahie, me dit : — Vous ne vous êtes donc pas blessé ?

— Non, car je suis tombé exprès.

— Exprès ? pour me tromper ! Je ne vous aurais pas cru capable de cela. Il n'est pas permis de gagner par fraude, et je n'ai pas perdu.

— Oh ! si, vous avez perdu, car j'ai atteint le but avant vous, et ruse pour ruse, avouez que vous avez aussi cherché à me tromper en prenant l'élan.

— Mais cela est permis, et votre ruse, mon ami, est de tout autre espèce.

— Mais elle m'a procuré la victoire, et

> Vincasi per fortuna o per inganno,
> Il vincer sempre fù laudabil cosa.

— C'est ce que j'ai souvent entendu dire à mon frère, mais jamais à mon père. Bref, je conviens d'avoir perdu. Ordonnez, condamnez-moi : j'obéirai.

— Attendez. Asseyons-nous ; car j'ai besoin d'y penser. Je vous condamne à troquer avec moi de jarretières.

— De jarretières ? Vous les avez vues, elles sont laides et ne valent rien.

— N'importe. Je penserai deux fois par jour à

l'objet que j'aime, et à peu près aux mêmes instants où vous serez obligée de penser à moi.

—L'idée est fort jolie et elle me flatte. Je vous pardonne maintenant de m'avoir trompée.

— Voici mes vilaines jarretières.

— Ah ! mon cher trompeur, qu'elles sont belles ! Le joli présent ! qu'elles plairont à ma mère ! C'est sûrement un cadeau qu'on vient de vous faire, car elles sont toutes neuves ?

— Non, ce n'est pas un présent. Je les ai achetées pour vous, et je me suis creusé la cervelle pour trouver le moyen de vous les faire agréer ; c'est l'amour qui m'a suggéré de les faire devenir le prix d'une course. A présent vous pouvez vous figurer ma peine quand je vous ai vue au moment de me gagner. Le dépit m'a inspiré une tromperie fondée sur un sentiment qui vous fait honneur ; car, avouez que vous auriez montré un trop mauvais cœur si vous n'étiez accourue à mon secours.

— Et je suis sûre que vous n'auriez pas employé cette ruse, si vous aviez pu deviner le mal que vous m'avez fait.

— Vous vous intéressez donc bien vivement à moi ?

— Je ferais tout au monde pour vous en convaincre. J'aime extrêmement mes jolies jarretières : je n'en aurai pas d'autres, et je réponds bien que mon frère ne me les volera pas.

— En serait-il capable ?

— Oh ! très capable, surtout si les agrafes sont d'or.

— C'est de l'or ; mais dites-lui que c'est du cuivre doré.

— Mais vous m'apprendrez à accrocher ces jolies agrafes ?

— Oui, bien certainement.

Nous allâmes dîner. Après le repas, auquel je me rappelle que nous fîmes également honneur, elle devint plus gaie et moi plus amoureux, mais aussi plus à plaindre à cause de la dure loi que je m'étais faite. Impatiente de mettre ses jarretières, elle me pria de l'aider, de la meilleure foi du monde, et sans malice ni coquetterie.

Trouvant que ses bas étaient trop courts pour lui attacher la jarretière au-dessus du genou, elle me dit qu'elle les mettrait avec des bas plus longs, et à l'instant, tirant adroitement de ma poche ceux que j'avais achetés, je les lui fais accepter. Joyeuse et pleine de reconnaissance, elle s'assied sur moi, et, dans l'effusion de son contentement, elle me donne tous les baisers qu'elle aurait donnés à son propre père s'il lui avait fait un pareil présent. Je lui rendais ses baisers en continuant à dompter avec force la violence de mes désirs : je me contentais de lui dire qu'un seul de ses baisers valait plus qu'un royaume. Ma charmante C. C. se déchaussa et se mit une paire de bas qui lui allaient jusqu'à moitié de la cuisse. Plus je la découvrais innocente, moins j'osais me déterminer à m'emparer de cette ravissante proie.

Nous redescendîmes au jardin, et, après nous être promenés jusqu'au soir, nous allâmes à l'Opéra, ayant soin de garder nos masques ; car, le théâtre étant petit, on aurait pu nous reconnaître, et ma délicieuse amie était sûre que son père ne lui permettrait plus de sortir, s'il venait à savoir qu'elle jouissait de ce plaisir.

Nous étions tout étonnés de ne pas voir son frère. Nous avions à notre gauche le marquis de

Montalegre, ambassadeur d'Espagne, avec la demoiselle Bola sa maîtresse en titre ; et à notre droite deux masques, homme et femme, qui ne s'étaient point démasqués. Ces deux masques avaient constamment les yeux sur nous ; mais ma jeune amie, leur tournant le dos, ne pouvait pas s'en apercevoir. Pendant le ballet, C. C. ayant mis le texte de l'opéra sur la hauteur d'appui de la loge, le masque homme allongea le bras et le prit. Jugeant par là que nous devions en être connus, je le dis à mon amie, qui se tourna et reconnut son frère. Le masque femelle ne pouvait être que son amie C. Comme P. C. connaissait le numéro de notre loge. il avait pris la loge voisine ; et, comme ce ne pouvait pas être sans intention, je prévis qu'il allait faire souper sa sœur avec cette femme. J'en étais fâché, mais je ne pouvais éviter la chose qu'en rompant en visière, et j'étais amoureux.

Après le second ballet, il vint dans notre loge, avec sa belle, et, après les compliments d'usage, la connaissance se trouva faite et nous dûmes aller souper à son casino. Dès que les deux dames furent démasquées, elles s'embrassèrent, et la maîtresse de P. C. combla ma jeune amie d'éloges et de prévenances. A table elle affecta de la traiter avec une affabilité extrême, et C. C., n'ayant pas l'usage du monde, la traita avec un extrême respect. Cependant, je voyais que C., malgré tout son art, laissait percer le dépit que lui causait la vue de la supériorité des charmes que j'avais préférés aux siens. P. C., fou de gaieté, s'épuisait en plates plaisanteries, dont sa belle seule riait ; moi, dans ma mauvaise humeur, j'en haussais les épaules, et sa sœur n'y entendait rien et, par conséquent, n'y répondait point. En somme, notre quadrille, mal assorti, était fort maussade.

Au dessert, P. C., un peu échauffé par le vin, embrassa sa belle et me provoqua à imiter son exemple avec sa sœur. Je lui dis qu'aimant réellement M^{lle} C. C., je ne prendrais ces libertés que lorsque j'aurais acquis des droits sur son cœur. P. C. se mit à plaisanter là-dessus, mais C. lui imposa silence. Reconnaissant de cet acte de décence, je tire de ma poche la douzaine de gants que j'avais achetée, et, après lui avoir fait présent de six paires, je priai mon amie d'accepter les autres. P. C. se leva de table en ricanant, entraînant sa maîtresse qui était un peu dans les vignes du Seigneur, et se jeta avec elle sur un canapé. La scène devenant lubrique, je me plaçai de manière à les cacher et j'entraînai mon amie dans l'embrasure d'une fenêtre. Je n'avais pu empêcher que C. C. ne vît dans une glace la situation des deux impudents, et elle avait le visage tout en feu ; cependant, ne lui tenant que des propos décents, elle me parlait de ses beaux gants qu'elle pliait sur la console. Après son brutal exploit, l'impudent P. C. vint m'embrasser, et sa dévergondée compagne, imitant son exemple, embrassa ma jeune amie en lui disant qu'elle était sûre qu'elle n'avait rien vu. C. C. lui répondit modestement qu'elle ne savait pas ce qu'elle aurait pu voir ; mais un regard qu'elle m'adressa me fit deviner tout ce qu'elle éprouvait. Quant à ce que j'éprouvais moi-même, je le laisse à penser au lecteur, s'il connaît le cœur de l'homme.

Poussé par un sentiment irrésistible, par ce qu'on appelle de l'amour parfait, dès le lendemain j'allai voir P. C., et, après lui avoir dit que j'adorais sa sœur avec l'intention la plus pure, je lui fis sentir toute la peine qu'il m'avait faite en oubliant tous les égards et cette pudeur que le libertin le plus achevé ne doit jamais blesser s'il a quelque prétention à la bonne société.

— Dussé-je, lui dis-je, renoncer au plaisir de voir votre angélique sœur, je suis décidé à ne plus me trouver avec vous; mais je vous préviens que je saurai empêcher qu'elle ne sorte avec vous pour devenir entre vos mains le prix de quelque marché infâme.

Il s'excusa de nouveau sur son ivresse et sur ce qu'il ne croyait pas que j'eusse pour sa sœur un amour qui exclût la jouissance. Il me demanda pardon, m'embrassa en pleurant, et j'allais peut-être me laisser attendrir quans je vis entrer sa mère et sa sœur, qui me remercièrent avec effusion de cœur du joli présent que je lui avais fait. Je répondis à la mère que je n'aimais sa fille que dans l'espérance qu'elle me l'accorderait pour épouse.

— Dans cet espoir, madame, ajoutai-je, je ferai parler à monsieur votre époux aussitôt que je me serai assuré un état qui me mettre à même de la faire vivre convenablement et de manière à la rendre heureuse.

En disant cela je lui baisai la main, et d'une façon si émue que les larmes me coulaient le long des joues. Ces larmes furent sympathiques et firent couler celles de cette bonne mère. Après m'avoir remercié affectueusement, elle me laissa avec sa fille et son fils, qui semblait être transformé en statue.

Ce que j'avais dit à la mère étonna la fille ; mais son étonnement fut bien plus grand quand elle sut ce que j'avais dit à son frère. Après un moment de réflexion, elle lui dit qu'avec tout autre que moi elle aurait été perdue, et qu'elle ne lui aurait pas pardonné si elle avait été à la place de sa dame ; car sa conduite envers elle était déshonorante autant pour elle que pour lui. P. C. pleurait, mais le traître était maître de ses larmes.

C'était le jour de la Pentecôte, et, comme il y avait relâche au théâtre, il me dit que si je voulais me trouver le lendemain au même endroit que les autres jours, il me remettrait sa sœur et que, comme l'honneur ne lui permettait pas de laisser M$^{mo}$ C. seule, ils nous laisseraient en toute liberté.

— Je vous donnerai ma clef, me dit-il, et vous reconduirez ma sœur ici après que vous aurez soupé où bon vous semblera.

En achevant ces mots, il me donna la clef que je n'eus pas la force de refuser, et il nous laissa. Je sortis un instant après lui, en disant à mon amie que nous irions le lendemain au jardin de la Zuecca. Le parti qu'a pris mon frère, me dit-elle, est le plus honnête qu'il pût prendre.

Je fus exact au rendez-vous, et, brûlant d'amour, je pressentais ce qui allait arriver. J'avais eu soin de louer une loge à l'Opéra, mais pour attendre le soir nous allâmes à notre jardin. Comme c'était un jour de fête, il y avait plusieurs petites sociétés à des tables séparées, et, ne voulant nous mêler avec personne, nous résolûmes de rester dans un appartement que nous nous fîmes donner, ne nous souciant de voir l'opéra que vers la fin : en conséquence, j'ordonnai un bon souper. Nous avions sept heures devant nous, et ma charmante amie me dit que nous ne nous ennuierions pas. Elle se débarrassa de son accoutrement de masque, et vint s'asseoir sur mes genoux en me disant que j'avais achevé de la subjuguer par la manière dont je l'avais ménagée après l'affreux souper ; mais tous nos raisonnements étaient accompagnés de baisers qui peu à peu devenaient de flamme.

— As-tu vu, me dit-elle, ce que mon frère fit à sa dame lorsqu'elle se mit à cheval sur lui ?

— Je ne vis rien qu'au miroir, mais je me figurai bien la chose. N'as-tu pas craint que je ne te traitasse de même ?

— Non, je te l'assure. Comment aurais-je pu le craindre, sachant combien tu m'aimes ? Tu m'aurais tellement humiliée, que je n'aurais plus pu t'aimer. Nous nous réserverons pour quand nous serons mariés, n'est-ce pas, mon ami ? Tu ne saurais te figurer la joie que j'ai éprouvée en t'entendant t'expliquer à ma mère ! Nous nous aimerons toujours. Mais à propos, mon ami, explique-moi les mots qui sont brodés sur les jarretières.

— Y a-t-il une devise ? Je n'en savais rien.

— Oh ! oui ; c'est français : faites-moi le plaisir de lire.

Assise sur moi, elle détache une jarretière pendant que je lui détache l'autre. Voici les deux vers, que j'aurais dû lire avant de lui faire ce présent :

> En voyant chaque jour le bijou de ma belle,
> Vous lui direz qu'Amour veut qu'il lui soit fidèle.

Ces vers, fort libres sans doute, me parurent bien faits, comiques et pleins d'esprit. J'éclatai de rire, et je redoublai lorsque, pour la contenter, je dus lui en traduire le sens. Comme c'était une idée neuve pour elle, j'eus besoin d'entrer dans des détails qui nous mirent tout en feu.

— Je n'oserai plus, me dit-elle, faire voir mes jarretières à personne, et j'en suis fâchée.

Comme j'avais pris un air pensif :

— Dis-moi, me dit-elle, à quoi tu penses ?

— Je pense que ces fortunées jarretières ont un privilège que je n'aurai peut-être jamais. Que je voudrais être à leur place ! Je mourrai peut-être de ce désir, et je mourrai malheureux.

— Non, mon ami, car je suis dans ton même cas, et je suis sûre de vivre. D'ailleurs nous pouvons hâter notre mariage. Pour moi, je suis prête à te donner ma foi dès demain, si tu veux. Nous sommes libres, et mon père devra y consentir.

— Tu raisonnes juste, car l'honneur même l'y forcerait. Cependant je veux lui donner une marque de respect en te faisant demander, et ensuite notre maison sera bientôt faite. Ce sera dans huit ou dix jours.

— Sitôt ? Tu verras qu'il répondra que je suis trop jeune.

— Et il dira peut-être vrai.

— Non, car je suis jeune, mais non pas trop, et je suis bien sûre que je puis être ta femme.

J'étais sur une fournaise, et toute résistance au feu qui me brûlait commençait à me devenir impossible. Toi que je chéris, lui dis-je, es-tu bien sûre que je t'aime ? Me crois-tu capable de te tromper ? Es-tu certaine de ne jamais te repentir d'être mon épouse ?

— J'en suis plus que certaine, mon cœur ; car tu ne saurais vouloir faire mon malheur.

— Eh bien, devenons époux dès cet instant. Dieu

seul sera témoin de nos serments, et nous ne saurions en avoir de plus loyal, car il connaît la pureté de nos intentions. Donnons-nous réciproquement notre foi, unissons nos destinées et soyons heureux. Nous fortifierons notre tendre lien du consentement de ton père et des cérémonies de la religion aussitôt qu'il nous sera possible : en attendant sois à moi, sois toute à moi.

— Dispose de moi, mon ami. Je promets à Dieu et à toi d'être dès ce moment et pour la vie ta fidèle épouse : je m'expliquerai ainsi à mon père, au prêtre qui bénira notre union, enfin à tout le monde.

— Je te fais le même serment, ma tendre amie, et je t'assure que nous sommes parfaitement mariés. Viens dans mes bras ! achève mon bonheur.

— Oh ! mon Dieu ! est-il possible que je touche de si près au bonheur !

Après l'avoir tendrement embrassée, j'allai dire à la maîtresse du casino de ne nous apporter à manger que lorsque nous l'appellerions, et de ne point nous interrompre. Pendant cela ma charmante C. C. s'était jetée sur le lit tout habillée, mais je lui dis que les voiles importuns effarouchaient l'amour, et en moins d'une minute j'en fis une nouvelle Ève, belle et nue comme si elle n'avait fait que sortir des mains du suprême artiste. Sa peau, douce comme un satin, était d'une blancheur éblouissante, que relevait encore sa superbe chevelure d'ébène que j'avais étendue sur ses épaules d'albâtre. Sa taille svelte, ses hanches saillantes, sa gorge parfaitement moulée, ses grands yeux d'où s'échappaient à la fois la douceur et l'étincelle du désir, tout en elle était d'une beauté parfaite et présentait à mes avides regards la perfection de la mère des amours embellie de tout ce que la pudeur répand de charmes sur les attraits d'une belle femme.

Hors de moi-même, je commençais à craindre que mon bonheur ne fût pas réel, ou qu'il ne pût pas devenir parfait par une complète jouissance, quand l'Amour malin s'avisa, dans un moment si sérieux, de me fournir matière à rire.

— Serait-ce une loi, me dit ma déesse, que l'époux ne dût pas se déshabiller ?

— Non, cher ange, non ; et si c'en était une, je la trouverais trop barbare pour m'y soumettre.

En un instant je fus débarrassé de tous mes vêtements, et mon amante se livra à son tour à toutes les impulsions de l'instinct et de la curiosité ; car tout en moi était nouveau pour elle. Enfin, comme accablée de la jouissance des yeux, elle me presse contre son sein et s'écrie :

— Oh ! mon ami, quelle différence de toi à mon oreiller !

— A ton oreiller, mon cœur ? Mais tu ris ; explique-moi cela.

— C'est un enfantillage, mais tu n'en seras pas fâché ?

— Fâché ! pourrais-je l'être avec toi dans le plus doux instant de ma vie ?

— Eh bien, depuis plusieurs jours, je ne pouvais pas m'endormir sans tenir mon oreiller entre mes bras ; je le caressais, je l'appelais mon cher mari ; je me figurais que c'était toi, et quand une douce jouissance m'avait rendue immobile, je m'endormais, et le matin je retrouvais mon grand coussin entre mes bras.

Ma chère C. C. devint ma femme en héroïne, car l'excès de son amour lui rendit la douleur même délicieuse. Après trois heures passées dans les plus doux ébats, je me levai et j'appelai pour qu'on nous apportât à souper. Le repas fut frugal, mais délicieux. Nous nous entre-regardions sans parler, car que nous dire qui valût ce que nous sentions ? Nous trouvions notre bonheur extrême, et nous en jouissions dans la persuasion que nous pouvions le renouveler à notre gré.

L'hôtesse monta pour nous demander si nous désirions quelque chose, et elle nous demanda si nous n'irions pas à l'Opéra, qu'on disait si beau.

— Est-ce que vous n'y avez jamais été ?

— Jamais, car pour des gens comme nous c'est trop cher. Ma fille en est si curieuse que, Dieu me pardonne, je crois qu'elle se donnerait pour avoir le plaisir d'y aller une fois.

— Elle le payerait cher, dit ma petite femme en riant. Mon ami, nous pourrions faire son bonheur sans qu'il lui en coûtât si cher, car cela fait bien mal.

— J'y pensais, mon amie. Tiens, voilà la clef de la loge ; tu peux leur en faire présent.

— Tenez, dit-elle à l'hôtesse, voici la clef d'une loge du théâtre Saint-Moïse : elle coûte deux sequins allez-y à notre place, et dites à votre fille de garder sa rose pour quelque chose de mieux. Pour que vous puissiez bien vous divertir, la mère, voilà deux sequins, lui dis-je : faites bien amuser votre fille.

La bonne femme, tout ébahie de la générosité de ses hôtes, courut trouver sa fille pendant que nous nous applaudissions de nous être mis dans la nécessité de nous recoucher. L'hôtesse remonta avec sa fille, belle blonde très appétissante, et qui veut absolument baiser la main à ses bienfaiteurs. Elle va partir à l'instant avec son amoureux, nous dit la mère. Il est là-bas ; mais je ne la laisserai pas aller seule, car c'est un gaillard ! J'irai avec eux.

— Fort bien, ma bonne ; mais à votre retour faites attendre la gondole qui vous mènera ; nous nous en servirons pour retourner à Venise.

— Quoi ! vous voulez rester ici jusqu'à notre retour ?

— Oui, car nous nous sommes mariés aujourd'hui.

— Aujourd'hui ? Dieu vous bénisse !

S'étant alors approchée du lit pour l'arranger, elle aperçut les traces vénérables de la sagesse de mon épouse, et dans un mouvement de joie elle vint embrasser ma chère C. C. ; ensuite elle se mit à faire un sermon à sa fille en lui montrant ce qui, selon elle, faisait un honneur infini à la jeune mariée : marques respectables, disait-elle, que l'Hymen ne voit que rarement de nos jours sur son autel.

La fille répondit en baissant ses beaux yeux bleus qu'elle était sûre qu'il lui en arriverait autant à ses noces.

— J'en suis certaine aussi, car je ne te perds jamais de vue. Va chercher de l'eau dans cette cuvette et porte-la ici ; car cette charmante mariée doit en avoir besoin.

La fille obéit ; ensuite, ces femmes étant sorties, nous nous couchâmes et quatre heures de délicieuse extase se passèrent avec une extrême rapidité. Notre dernière lutte aurait été plus longue s'il n'était venu à ma charmante amie le caprice de se mettre à ma place et de renverser les rôles. Epuisés de bonheur et de jouissance, nous nous endormions, quand l'hôtesse vint nous dire que la gondole nous attendait. Je me levai de suite pour lui ouvrir dans l'espoir de rire de ce qu'elle nous conterait de l'Opéra ; mais elle laissa ce soin à sa fille, qui était montée avec elle, et elle alla nous préparer du café. La blondine aida mon amie à s'habiller, mais de temps en temps elle me donnait des œillades qui me donnèrent à penser qu'elle avait plus d'expérience que sa mère ne lui en supposait.

Rien n'était plus indiscret que les yeux de ma charmante maîtresse, ils portaient les marques irrécusables de ses premiers exploits ; mais aussi elle venait de soutenir un combat qui l'avait positivement rendue tout autre qu'elle n'était auparavant.

Nous prîmes du café bien chaud, et je dis à notre hôtesse de nous préparer, pour le jour suivant, un dîner délicat ; ensuite nous partîmes. L'aube du jour commençait à poindre lorsque nous débarquâmes à la place Sainte-Sophie pour mettre en défaut la curiosité des gondoliers, et nous nous quittâmes heureux, contents, et certains que nous étions parfaitement mariés.

# XI

## M. M...

*Infidèle à sa « chère C. C. », Casanova a ébauché une intrigue avec une religieuse : M. M.*

Six mois après ma brève maladie, me trouvant mieux, j'allai au casino de Muran, où la concierge me remit une lettre de M. M. Elle me disait qu'elle mourait d'impatience de me savoir rétabli et en possession de son casino avec tous les droits que je devais y conserver toujours. Marque-moi, je t'en supplie, me disait-elle, quand tu crois que nous nous reverrons, à Muran ou à Venise, à ta volonté. Compte, ajoutait-elle, que partout nous serons sans témoins. Je lui répondis de suite que nous nous reverrions le surlendemain au lieu même où j'étais ; car c'était au même endroit où je l'avais offensée que je devais recevoir son amoureuse absolution.

Je brûlais de la revoir, car j'avais honte d'avoir pu être injuste à son égard, et il me tardait de réparer mes torts. Connaissant son caractère et réfléchissant dans le calme, il me paraissait évident que ce qu'elle avait fait, bien loin d'être un indice de mépris, était un effort raffiné d'un amour qui n'avait pour objet que moi-même. Depuis qu'elle avait découvert que j'étais l'amant de sa jeune amie, pouvait-elle se figurer que je l'aimais uniquement? De même que l'amour qu'elle avait pour moi ne l'empêchait pas d'être complaisante avec l'ambassadeur, elle supposait que je pouvais l'être avec C. C. Elle ne pensait pas à la constitution différente des deux sexes et aux privilèges dont jouissent les femmes.

Aujourd'hui que les ans ont blanchi mes cheveux, et amorti l'ardeur de mes sens, mon imagination plus calme me fait penser différemment ; et je sens bien que ma belle nonne péchait contre la pudeur et la modestie, qui sont les plus beaux apanages de la plus belle moitié du genre humain : mais si cette femme, vraiment unique ou au moins rare, avait ce travers qu'alors je taxais de vertu, au moins était-elle exempte de ce venin affreux qu'on nomme jalousie : passion malheureuse qui dévore l'être infortuné qui en est atteint et qui dessèche l'objet qui la fait naître et sur lequel elle se déverse.

Deux jours après, le 4 février 1754, j'eus le bonheur de me retrouver tête à tête avec mon ange. Elle était vêtue en religieuse. Comme nous nous croyions réciproquement coupables, dès que nous nous aperçûmes, par un mouvement spontané, nous tombâmes à genoux l'un aux pieds de l'autre ou plutôt genoux contre genoux. Nous avions tous deux maltraité l'amour, elle en le traitant en enfant, moi en l'adorant en janséniste. Mais quel langage aurait pu convenir aux excuses que nous devions nous faire, aux pardons que nous devions obtenir ! Le baiser, ce langage muet et expressif, cet attouchement délicat et voluptueux qui fait circuler le sentiment dans toutes les veines, qui exprime tout à la fois ce que sent le cœur et ce qu'arrange l'esprit ; ce langage fut le seul que nous employâmes, et sans avoir articulé une syllabe, lecteur, ah ! que nous fûmes bientôt d'accord !

Au comble de l'attendrissement, impatients de nous donner des preuves de la sincérité de notre retour et du feu qui nous dévorait, nous nous levâmes sans nous dessaisir, et, tombant en groupe sur le sofa voisin, nous y restâmes jusqu'à l'arrivée d'un long soupir que nous n'aurions pas voulu arrêter quand nous aurions su qu'il dût être le dernier.

C'est ainsi que s'opéra l'heureuse réconciliation ; et la tranquillité que laisse à l'âme la satisfaisante persuasion, ayant pour ainsi dire doublé notre bonheur, nous partîmes ensemble d'un éclat de rire en nous apercevant que j'étais encore en manteau et en baûte. Après avoir bien ri, je me démasquai, et je lui demandai s'il était bien vrai que notre réconciliation n'eût pas eu de témoin.

Elle prit un flambeau, et me prenant par la main : — Viens, me dit-elle. Elle me mena dans la chambre où était une grande armoire que j'avais déjà jugée dépositaire du grand secret. Elle l'ouvrit, et, après avoir poussé une planche à coulisse, je vis une porte par laquelle nous entrâmes dans un joli cabinet muni de tout de qui pouvait être nécessaire à quelqu'un qui voulait y passer plusieurs heures. A côté du sofa se trouvait une planche mouvante. M. M. la tira, et, par vingt trous à quelque distance les uns des autres, je vis toutes les parties de la chambre où le curieux ami de ma belle avait pu voir avec facilité les six actes de la pièce que la nature et l'amour avaient arrangée, et je pense qu'il n'avait pas dû être mécontent des acteurs. — Actuellement, me dit M. M.

je vais satisfaire à la curiosité que tu as eu la prudence de ne pas confier au papier.

— Mais tu ne peux savoir...

— Tais-toi, mon cœur ; l'amour ne serait pas divin s'il n'était devin : il sait tout, et, pour preuve, n'est-il pas vrai que tu désires savoir si l'ami n'était pas avec moi pendant la fatale nuit qui m'a coûté tant de larmes ?

— Précisément.

— Eh bien ! oui, il y était, et tu ne dois pas en être fâché, car tu as achevé de l'enchanter. Il a admiré ton caractère, ton amour, tes sentiments et ta probité : il ne pouvait se taire sur l'étonnement que lui occasionne la rectitude de mon instinct, ni assez approuver la passion que tu m'as inspirée. C'est lui qui me consola le matin en m'assurant qu'il était impossible que tu ne revinsses pas à moi dès que je t'aurais fait connaître mes sentiments, la loyauté de mon intention et ma bonne foi.

— Mais vous devez vous être souvent endormis ; car, sans un vif intérêt, il n'est pas possible de passer ainsi huit heures dans l'obscurité et le silence.

— Nous étions mus par l'intérêt le plus vif ; d'ailleurs nous n'étions dans l'obscurité que lorsque nous tenions ces trous ouverts. Pendant que nous soupâmes la planche était relevée, et nous écoutions dans le plus grand silence jusqu'à vos moindres propos. L'intérêt qui tenait mon ami éveillé surpassait s'il est possible, celui que vous m'inspiriez. Il me dit qu'il n'avait jamais été plus à portée d'étudier le cœur humain que dans cette occasion, et que tu ne dois jamais avoir passé une nuit aussi pénible. Tu lui faisais pitié. Nous fûmes enchantés de C. C. ; car il est inconcevable qu'une jeune personne de quinze ans raisonne comme elle l'a fait pour me justifier, saus autres moyens que la nature et la vérité, à moins d'avoir l'âme d'un ange. Si tu l'épouses tu auras une femme divine. Je serai malheureuse en la perdant, mais ton bonheur me dédommagera de tout. Sais-tu, mon ami, que je ne comprends pas plus comment tu as pu t'amouracher de moi après l'avoir connue, que je ne puis concevoir comment elle ne me déteste pas depuis qu'elle sait que je lui ai ravi ton cœur. Ma chère C. C. a véritablement quelque chose de sublime dans le sentiment. Et sais-tu pourquoi elle t'a confié ses amours stériles avec moi? C'est, m'a-t-elle dit, pour décharger sa conscience de l'espèce d'infidélité qu'elle te fait.

— Croit-elle me devoir toute sa fidélité en me sachant si peu fidèle?

— Elle est extrêmement délicate et consciencieuse; et, se croyant |parfaitement ta femme, elle ne se croit pas en droit de contrôler tes actions, tandis qu'elle est persuadée qu'elle te doit compte de toutes les siennes.

— Noble fille !

La prudente concierge ayant servi le souper, et, nous étant mis à table, M. M. observa que j'avais maigri.

— Les souffrances physiques n'engraissent pas, lui dis-je, et les peines morales dessèchent. Mais nous avons assez souffert l'un et l'autre, et nous devons être assez sages pour ne rien rappeler de ce qui peut nous être pénible.

— Oui, mon ami ; je pense comme toi ; les instants que l'homme est forcé de céder au malheur ou à la souffrance sont autant de déductions faites à la vie, mais on double l'existence quand on a le talent de multiplier le plaisir de quelque nature qu'il soit.

Nous nous égayâmes à nous rappeler les dangers passés, la mascarade de Pierrot, le bal de Briati, où on lui avait assuré qu'il y avait un autre Pierrot.

M. M. admirait le prodigieux effet du déguisement, car, me disait-elle :

— Le Pierrot du parloir me paraissait plus grand et plus mince que toi. Si le hasard ne t'avait pas fait prendre la gondole du couvent, et que tu n'eusses pas eu la bizarre idée de te déguiser en Pierrot, je n'aurais pu savoir qui tu étais, car mes compagnes ne se seraient pas intéressées à ton sort. J'ai été ravie d'aise en apprenant que tu n'es pas patricien, comme je le craignais ; car, si tu l'étais, il pourrait à la longue m'arriver quelque mésaventure désespérante.

Je savais fort bien ce qu'elle devait craindre ; mais faisant l'ignorant :

— Je ne conçois pas, lui dis-je, ce que tu pourrais craindre si j'étais patricien.

— Mon cher ami, je ne puis te parler ouvertement qu'autant que tu me donneras ta parole de faire ce que je te demanderai.

— Quelle difficulté, ma chère, puis-je avoir à te faire tel plaisir que tu pourras désirer, pourvu qu'il ne compromette pas mon honneur ? Tout maintenant n'est-il pas commun entre nous ? Parle, mon cœur, dis-moi tes raisons et compte sur ma tendresse ; elle te répond de ma complaisance pour tout ce qui pourra te faire plaisir.

— Fort bien. Je te demande à souper dans ton casino avec mon ami qui meurt d'envie de faire ta connaissance.

— Et, après souper, je prévois que tu t'en iras avec lui ?

— Tu sens bien que le masque des convenances l'exige.

— Et ton ami, sans doute, sait déjà qui je suis ?

— J'ai cru devoir le lui dire, car, sans cela, il n'aurait pas osé se promettre le plaisir de souper avec toi et surtout chez toi.

— J'y suis, et je devine que ton ami est un ministre étranger.

— Précisément.

Mais je puis espérer sans doute qu'il me fera l'honneur de ne point garder son incognito ?

— Cela va sans dire ; je te le présenterai dans toutes les formes en déclinant son vrai nom et ses qualités politiques.

— C'est à merveille, mon cœur, et, avec ces dispositions pouvais-tu me supposer difficile à t'accorder ce plaisir, quand tu ne saurais toi-même m'en faire un plus grand ? Fixe le jour et compte que je t'attendrai avec impatience.

— J'aurais été certaine de ta complaisance si tu ne m'avais accoutumée à douter.

— Je mérite cette pointe.

— Mais j'espère que tu ne feras qu'en rire. Maintenant, je suis contente. Notre ami est M. de Bernis, ambassadeur de France. Il viendra masqué, et dès qu'il aura levé son masque, je te le présenterai. Songe que tu ne dois pas ignorer qu'il est mon amant, mais tu dois croire qu'il n'est pas à part de notre tendresse.

— Ainsi le veut le masque des convenances, et tu seras, je l'espère, contente de mon urbanité. Ce souper me charme en idée, et j'espère qu'il me ravira en réalité. Tu avais bien raison, ma chère amie, de redouter que je fusse patricien ; car, dans ce cas, messieurs les inquisiteurs d'Etat, qui, trop souvent, ne cherchent qu'à faire parade de leur zèle, n'auraient manqué de s'en mêler, et je tremble à l'idée des affreuses conséquences que cela aurait pu avoir. Moi sous les Plombs, toi déshonorée, l'abbesse, le couvent : juste ciel ! Oui, si tu m'avais communiqué tes idées, je t'aurais dit qui j'étais ; et puis je l'aurais pu d'autant mieux que ma réserve ne venait que de la crainte que j'avais d'être connu, et qu'alors le père de C. C. ne la mit dans un autre couvent. Mais peux-tu me dire quel jour le souper aura lieu ? j'ai une véritable impatience de le savoir fixé.

— C'est aujourd'hui le 4, eh bien ! dans quatre jours.

— Ce sera donc le 8 ?

— Précisément. Nous nous rendrons chez toi après le second ballet de l'Opéra. Donne-moi les renseignements les plus exacts pour que nous puissions trouver ton casino sans interroger personne.

Je me mis à son bureau et je lui donnai tous les renseignements nécessaires pour aller par terre ou par eau. Heureux de cette charmante partie, je priai mon amante d'aller se coucher ; mais je lui fis observer qu'étant convalescent et ayant soupé de bon appétit, il serait possible que j'offrisse mes premiers hommages à Morphée. S'arrangeant à la circonstance, elle mit le réveillon à dix heures et nous nous couchâmes dans l'alcôve. Dès que nous fûmes éveillés, l'Amour réclama sa part, et il n'eut pas à se plaindre ; mais vers le minuit nous nous endormions sur le fait, bouche à bouche, et nous nous retrouvâmes dans la même position, le matin, au moment de nous séparer. Cependant, quoique le temps pressât, nous ne pûmes nous résoudre à nous dire adieu sans faire encore une libation à Vénus.

Je restai au casino après le départ de ma belle nonne, et je dormis jusqu'à midi. Dès que je fus habillé je retournai à Venise, et mon premier soin fut d'aller prévenir mon cuisinier pour que mon souper du 8 fût digne des convives et de moi.

# XII

## Tonine

*L'aventure de Tonine n'est d'abord qu'un entr'acte
dans l'intrigue avec M. M.*

Tandis que M. M. se livrait à la douleur, j'exécu-
tais les ordres de M. de Bernis, et, à la moitié de janvier 1755, nous n'eûmes plus de casino. Elle garda
près d'elle deux mille sequins et ses bijoux, se réservant de les vendre plus tard pour s'en faire une rente
viagère, et elle me laissa la caisse du jeu, devant con-
tinuer à jouer de moitié. J'avais alors trois mille
sequins, et nous ne pouvions plus nous voir qu'à la
grille. Bientôt, consumée de chagrin, elle tomba dangereusement malade, et je la vis le 2 février portant
sur ses traits les symptômes d'une mort prochaine.
Elle me remit son écrin avec tous ses diamants et
tout son argent, à l'exception d'une petite somme,
tous les livres scandaleux qu'elle avait et toutes ses
lettres, en me disant que si elle ne mourait pas je lui
rendrais le tout, mais que tout m'appartiendrait si,
comme elle le croyait, elle succombait à la maladie
qu'elle allait faire. Elle me dit encore que C. C. m'in-
formerait de son état, et me pria d'avoir pitié d'elle

et de lui écrire, ne pouvant attendre quelque consolation que de mes lettres, qu'elle espérait avoir la force de lire jusqu'à son dernier soupir.

Je fondais en larmes, car je l'aimais avec idolâtrie, et je lui promis d'habiter Muran jusqu'à ce qu'elle eût recouvré sa santé.

Ayant tout fait placer dans une gondole, je me rendis au palais Bragadin pour mettre tout en sûreté : ensuite je retournai à Muran pour engager Laure à me trouver une chambre meublée où je pusse demeurer en liberté. — Je connais, me dit-elle, un joli logement avec une cuisine ; vous y serez parfaitement tranquille et à bon marché, et, si vous voulez payer le loyer d'avance, vous n'aurez même pas besoin de dire qui vous êtes. Le vieillard à qui le logement appartient demeure au rez-de-chaussée, il vous donnera toutes les clefs, et vous pourrez ne voir personne si vous le désirez. Elle me donna l'adresse, je m'y rendis sur-le-champ, et, ayant trouvé le tout à ma convenance, je payai un mois d'avance, et l'affaire fut faite. C'était une maisonnette au bout d'une rue morte qui aboutissait au canal. Je retournai chez Laure pour lui dire que j'avais besoin d'une servante qui allât me chercher mes repas et qui pût faire ma chambre : elle me la promit pour le lendemain.

Ayant tout arrangé pour mon nouveau séjour, je revins à Venise et je fis ma malle comme si j'avais été disposé à faire un long voyage. Après souper, je pris congé de M. Bragadin et de ses deux amis, en leur disant que, pour une affaire importante, j'allais m'absenter pour quelques semaines.

Le lendemain m'étant rendu à mon nouveau domicile, je fus fort surpris d'y trouver Tonine, fille de Laure, jolie, n'ayant que quinze ans, et qui me dit en rougissant, mais avec une sorte d'esprit que je ne lui soupçonnais pas, qu'elle aurait le courage de me servir avec autant de zèle que sa mère même pourrait en avoir.

Je me sentais trop affligé pour savoir gré à Laure de ce joli cadeau, et je décidai même que la chose n'irait pas comme elle avait dû le penser, sa fille ne pouvant rester à mon service. On verra quelle est d'ordinaire la force de ces résolutions. En attendant je traitai cette jeune fille avec douceur.

— Je suis sûr, lui dis-je, de ta bonne volonté, mais il faut que je parle à ta mère. J'ai besoin d'être seul, ajoutai-je ; car je dois écrire toute la journée, et je ne prendrai rien que ce soir. Tu auras soin de me prendre ce qu'il faut pour mon souper. Elle me remit alors une lettre, en me demandant pardon de ne pas me l'avoir remise plus tôt. — Il ne faut jamais oublier, lui dis-je, de faire vos commissions ; car si vous aviez tardé plus longtemps à me remettre cette lettre, il aurait pu m'arriver un grand malheur. Elle rougit, me demanda pardon et sortit. La lettre était de C. C. Elle me disait que son amie était au lit et que le médecin lui avait trouvé de la fièvre. Je passai le reste de la journée à mettre tout en ordre dans ma chambre et à écrire à C. C. et à sa souffrante amie.

Vers le soir, Tonine vint m'apporter des flambeaux et me dire que mon souper était prêt. — Sers-moi, lui dis-je. Voyant qu'elle n'avait mis qu'un couvert, ce dont je fus bien aise pour sa modestie, je lui dis d'en mettre un autre, voulant qu'elle me tint toujours compagnie. Je ne me rendais pas compte du mouvement qui me faisait agir ; je ne voulais que me montrer bon, et j'agissais de bonne foi. Nous verrons, lecteur, si ce n'était pas là une des ruses qu'emploie le démon pour aller à ses fins.

N'ayant point d'appétit, je mangeai peu ; mais je trouvai tout bon, excepté le vin ; mais Tonine me promit d'en procurer de meilleur pour le lendemain ; ensuite elle alla se coucher dans l'antichambre.

Après avoir cacheté mes lettres, voulant m'assurer si la porte d'entrée était fermée, je sortis et je vis Tonine couchée, dormant paisiblement ou faisant semblant de dormir. J'aurais pu soupçonner son idée ; mais je ne m'étais jamais trouvé dans une situation pareille, et je jugeai de la grandeur de mon affliction par l'indifférence avec laquelle je regardai cette fille : elle était belle, et pourtant je sentis que nous ne courions aucun risque ni elle ni moi.

Le lendemain, éveillé de très bonne heure, je l'appelai, et elle entra tout habillée, et très décemment. Je lui remis la lettre pour C. C., dans laquelle se trouvait celle de M. M., en lui disant de la porter à sa mère et de revenir de suite pour faire mon café.

— Je dînerai à midi, Tonine ; aie soin d'aller me chercher ce qu'il me faut de bonne heure.

— Monsieur, c'est moi qui ai préparé votre souper d'hier, et si vous le voulez, je pourrai préparer tous vos repas.

— Je suis très satisfait de ton talent ; continue, et voilà un sequin pour les dépenses.

— Il m'est resté seize livres de celui que vous me donnâtes hier, et cela peut suffire.

— Non, je te les donne, et j'en ferai autant chaque jour.

Sa joie fût si grande, que je ne pus l'empêcher de couvrir ma main de baisers. Je me gardai bien de la retirer et de l'embrasser, car je sentais que je n'aurais pu m'empêcher de rire, et cela aurait déshonoré ma douleur.

Cette seconde journée se passa comme la précédente. Tonine était charmée que je n'eusse plus dit que je voulais parler à sa mère ; elle en tirait la preuve que ses services m'étaient agréables. Me sentant faible et craignant de me réveiller trop tard le lendemain pour envoyer ma lettre au couvent, mais ne voulant pourtant pas éveiller Tonine si elle dormait, je l'appelai doucement. S'étant levée aussitôt, elle entra n'ayant qu'une petite jupe. Je lui donnai ma lettre, faisant en sorte de ne rien voir, et je lui ordonnai de la porter à sa mère le matin avant d'entrer dans ma chambre. Elle sortit en me disant que je serais obéi ; mais dès qu'elle fut sortie, je ne pus m'empêcher de me dire qu'elle était fort jolie, et je me sentis triste et confus en reconnaissant combien il serait facile à cette jeune fille de me consoler. Ma douleur m'était chère, et je pris la résolution d'éloigner de moi un objet qui pouvait m'en guérir. « Demain, me dis-je, je parlerai à Laure pour qu'elle me trouve dans la journée un objet moins séduisant. » Mais la nuit porte conseil, et le lendemain je m'armai du sophisme en me disant que cette jeune fille était innocente de ma faiblesse, et que je ne devais pas l'en punir en lui causant le plus sensible déplaisir.

Tonine avait ce qu'on appelle du tact et du jugement, et jugeant que mon état exigeait des ménagements, elle se comporta avec beaucoup de délicatesse, ne se coucha plus qu'après avoir reçu mes lettres et s'être assurée que je n'avais plus besoin d'elle, n'entra plus chez moi que décemment vêtue, et je lui en sus gré. Pendant quinze jours de suite M. M. se trouva si mal, que je m'attendais à chaque instant à recevoir la nouvelle de sa mort. Le jour du mardi gras, C. C. m'écrivit que son amie n'avait pas eu la force de lire ma lettre et qu'elle allait recevoir l'extrême-onction. Cette nouvelle me consterna au point qu'il me fut impossible de me lever. Je passai la journée à pleurer et à écrire, et Tonine ne me quitta qu'à minuit. Il me fut impossible de fermer l'œil. Le matin des Cendres, je reçus une lettre dans laquelle C. C. me disait que le médecin désespérait de son amie et qu'il ne lui donnait qu'une quinzaine de jours à vivre. Une fièvre lente la consumait ; elle était d'une extrême faiblesse, pouvant à peine avaler un peu de bouillon et ayant le malheur d'être harcelée par son confesseur, qui lui faisait éprouver à l'avance toutes les terreurs de la mort. Je ne pouvais soulager ma douleur qu'en écrivant, et Tonine prenait de temps en temps la liberté de me faire observer que je nourrissais ma douleur et que je serai cause de ma mort. Je sentais moi-même que j'aigrissais ma douleur, et que le lit, le défaut de nourriture et la plume finiraient par me rendre fou. J'avais communiqué mon affection à cette pauvre fille, qui ne savait plus que me dire, et dont l'emploi principal était de m'essuyer les larmes. Elle me faisait pitié.

Quelques jours plus tard, après avoir assuré C. C. que si notre amie mourait je ne lui survivrais pas, je la priai de lui dire que, pour que je prisse soin de ma vie, il fallait qu'elle me fît promettre de se laisser enlever si j'avais le bonheur qu'elle se rétablit.

— J'ai, lui disais-je, quatre mille sequins et ses diamants qui en valent six mille ; cela fera un capital suffisant pour nous assurer une existence honnête par toute l'Europe.

C. C. m'écrivit le lendemain et me dit que mon amante, après avoir entendu la lecture de ma lettre, était tombée dans une espèce de délire convulsif, qu'elle avait eu le transport au cerveau, et que pendant trois heures entières elle n'avait cessé de tenir un *vaniloque* en français qui aurait fait fuir toutes les religieuses présentes si elle l'avaient compris. J'en fus au désespoir, et peu s'en fallût sans doute que je n'extravagasse comme ma pauvre nonne. Son délire dura trois jours, et, dès qu'elle commença à recouvrer l'usage de ses sens, elle chargea sa jeune amie de m'écrire qu'elle était sûre de guérir si je lui promettais de lui tenir la promesse de l'enlever dès que sa santé lui permettrait de supporter les fatigues d'un long voyage. Je ne manquai pas de lui répondre qu'elle devait d'autant plus y compter, que ma vie tenait à l'exécution de ce projet.

Ainsi trompés tous deux de bonne foi, nous guérîmes, car chaque lettre de C. C. qui m'annonçait les progrès de la convalescence de M. M. me mettait du baume dans le sang. A mesure aussi que mon esprit reprenait son calme, mon appétit reprenait son cours ; et ma santé s'améliorant chaque jour, bientôt, à mon insu, je pris plaisir aux naïvetés de Tonine, qui s'était mise sur le pied de n'aller se coucher que quand elle me voyait endormi.

Vers la fin du mois de mars, M. M. m'écrivit elle-même qu'elle se croyait hors de danger et que, moyennant un bon régime, elle espérait pouvoir sortir de sa chambre après Pâques. Je lui répondis que je ne quitterais Muran qu'après que j'aurais eu le bonheur de la voir à la grille, où, sans nous presser, nous nous concerterions pour l'exécution de notre projet.

Il y avait sept semaines que M. de Bragadin ne m'avait vu ; il devait être inquiet sur mon compte, et je résolus d'aller le voir le même jour. Après avoir dit à Tonine que je ne rentrerais pas avant dix heures du soir, je partis pour Venise, sans manteau, car m'étant rendu à Muran en masque j'avais oublié d'en prendre un. J'avais passé quarante-huit jours sans sortir de ma chambre, je les avais passés en grande partie dans les larmes et le chagrin, et j'en avais passé plusieurs sans dormir, sans prendre aucune nourriture. Je venais de faire une expérience qui flattait beaucoup mon amour-propre : car j'avais été servi par une fille jeune, et qui dans tous les pays de l'Europe passerait à juste titre pour une beauté ; elle était douce comme un agneau, prévenante et délicate, et, sans courir le risque d'être taxé de fatuité, je pouvais me flatter, sinon qu'elle fut amoureuse de moi, au moins de la trouver en tout disposée à me plaire : malgré cela, j'avais su résister à la puissance de ses jeunes attraits, et j'en étais venu à peu près à ne plus craindre leur ascendant. L'habitude de la voir avait dissipé les sensations de l'amour, et l'amitié et la reconnaissance semblaient avoir pris le dessus sur tout autre sentiment ; car j'étais forcé de reconnaître que cette charmante fille m'avait prodigué les soins les plus délicats et les plus assidus. Elle avait passé les nuits entières sur un fauteuil près de mon lit, me soignant comme si elle avait été ma mère, et ne m'avait pas donné un seul motif de plainte.

Jamais je ne lui avais donné un baiser, jamais je ne m'étais permis de me déshabiller en sa présence, et elle n'était jamais entrée dans ma chambre, la première fois exceptée, sans être décemment vêtue.

Malgré cela, je savais que j'avais combattu, et je me sentais glorieux d'avoir remporté la victoire. Une seule chose me déplaisait dans tout cela, c'est que j'étais à peu près certain que ni M. M. ni C. C. ne voudraient jamais croire la chose possible, si elles parvenaient à le savoir, et que Laure elle-même, à qui sa fille avait dû tout confier, n'y aurait ajouté aucune foi, lors même que par bon procédé elle aurait fait semblant de le croire.

J'arrivai chez M. de Bragadin au moment où l'on servait la soupe. Il me reçut en poussant des cris de joie, et riant d'avoir prévu que je les surprendrais ainsi. Outre mes deux autres vieux amis, il y avait à table de la Haye, Bavois et le médecin Righellini. — Comment ! sans manteau ? me dit M. Dandolo.

— Oui, lui dis-je : car, étant parti en masque, je n'eus pas la précaution d'en prendre un en partant. On rit, et, sans me déconcerter, je m'assis. Personne ne me demanda où j'étais resté si longtemps ; car il était entendu que cela devait venir de moi. Cependant de la Haye, crevant de curiosité dans sa peau, ne put s'empêcher de me lancer quelques brocards. — Vous êtes, me dit-il, devenu si maigre que le monde malin portera sur vous un jugement sinistre.

— On ne dira pas, j'espère, que j'ai passé mon temps chez les jésuites ?

— Vous êtes caustique. On pourra peut-être dire que vous avez passé tout ce temps dans une serre chaude sous la puissance de Mercure.

— Rassurez-vous, monsieur ; car pour éviter ce jugement téméraire, je repartirai dès ce soir.

— Oh ! je suis bien certain que non.

— Croyez, monsieur, lui dis-je d'un air railleur,

que je fais trop grand cas de votre jugement pour ne pas me régler en conséquence.

Voyant que je parlais sérieusement, mes amis lui en voulurent et l'aristarque demeura un peu confus.

Righellini qui était ami intime de Murray, me dit avec amitié qu'il lui tardait de lui annoncer que j'étais ressuscité, et que tout ce qu'on avait débité sur mon compte était faux. — Nous irons, lui dis-je, souper chez lui, et je repartirai après souper. Voyant M. de Bragadin inquiet ainsi que ses deux amis, je leur promis de revenir dîner avec eux le 25 avril, jour de la fête de Saint-Marc.

Aussitôt que M. Murray me vit, il me sauta au cou et m'embrassa comme un bon allemand. Il me présenta à sa femme, qui m'engagea à souper d'une manière très polie. Murray, après m'avoir conté une foule d'histoires qu'on avait forgées sur ma disparition, me demanda si je connaissais un petit roman de l'abbé Chiari qui avait paru à la fin du carnaval. Lui ayant dit que non, il m'en fit présent, en m'assurant qu'il me ferait plaisir. Il avait raison. C'était une satire qui déchirait la coterie de M. Zorzi, dans laquelle le pauvre abbé m'avait départi un pauvre rôle. Je ne le lus que quelque temps après : en attendant je le mis dans ma poche. Après le souper, qui fut fort agréable, j'allai prendre une gondole au trajet et je retournai à Muran.

Il était minuit et il faisait très obscur, de sorte que je ne m'aperçus pas que la gondole était mal couverte et en fort mauvais état. Il bruinait quand je m'embarquai ; et la pluie étant devenue assez forte, je fus bientôt transpercé. Le malheur n'était pas grand, car j'étais près de ma petite demeure. Je monte à tâtons, je frappe à la porte de l'antichambre, où Tonine, qui ne m'attendait plus s'était déjà couchée.

Réveillée en sursaut, elle vint m'ouvrir en chemise et sans lumière. Comme j'en avais besoin, je lui dis de chercher le briquet ; ce qu'elle fit de suite, me prévenant d'une voix modeste et douce qu'elle n'était pas habillée. Pourvu que tu sois couverte, lui dis-je, cela ne fait rien. Elle ne répliqua pas et eut bientôt allumé une bougie ; mais en me voyant tout mouillé elle ne put s'empêcher de rire.

— Je n'ai besoin de toi, ma chère enfant, que pour m'essuyer les cheveux, lui dis-je.

Vite elle se hâte d'aller prendre la poudre, et, la houpe à la main, elle commence son ministère ; mais sa chemise était courte et très large par en haut. Je me repentis un peu tard de ne lui avoir pas donné le temps de s'habiller. Je sentis que j'étais perdu, et d'autant plus qu'ayant les deux mains occupées, elle ne pouvait tenir sa chemise et cacher à mes regards deux globes naissants plus séduisants que les pommes des Hespérides. Comment faire pour ne pas voir ? Fermer les yeux ? Fi donc ! Je cède à la nature et je repais mes regards avec tant d'avidité, que la pauvre Tonine en rougit.

— Tiens, lui dis-je, prends la gorge de ta chemise entre tes dents : je ne verrai plus rien. Mais c'était pis qu'auparavant et je n'avais fait que jeter de l'huile sur le feu ; car, le voile étant fort court, je voyais la base de deux colonnes renversées et presque la frise : je jetai un cri involontaire de surprise et de volupté. Tonine, ne sachant comment faire pour dérober tout à mes regards, se laissa tomber sur le sofa ; et moi, brûlant, je restais devant elle, ne pouvant me résoudre à rien. — Eh bien, me dit-elle, irai-je m'habiller pour achever de vous coiffer ?

— Non, viens t'asseoir sur moi et bande-moi les yeux.

Obéissant, elle vient, mais l'étincelle était partie, et, n'en pouvant plus, je la serre entre mes bras, et, sans plus penser à jouer à colin-maillard, je la jette sur mon lit, je la couvre de baisers, et, après lui avoir juré de l'aimer toujours, elle ouvrit les bras de manière à me prouver qu'il y avait longtemps qu'elle désirait ce moment.

Je cueillis la rose, et comme toujours je la trouvai supérieure à toutes celles que j'avais cueillies depuis que je moissonnais dans les champs fertiles de l'amour.

Le matin à mon réveil, je me trouvai amoureux de Tonine comme il me paraissait ne l'avoir jamais été d'aucune femme. Elle s'était levée sans m'éveiller, et dès qu'elle m'entendit elle vint : je lui reprochai tendrement de n'avoir pas attendu que je lui donnasse le bonjour. Sans me répondre, elle me donna la lettre de M. M. Je la reçois en la remerciant, mais, mettant de côté la lettre, je la saisis et je la place près de moi. — Comment ! quel miracle ! s'écria Tonine ; quoi ! vous n'êtes pas pressé de lire cette lettre ? Homme inconstant ! pourquoi n'as-tu pas voulu que je te guérisse il y a six semaines ? Que je suis heureuse ! pluie fortunée ! Je ne te fais aucun reproche, homme chéri ; mais aime-moi comme tu aimes celle qui t'écrit chaque jour, et je serai contente.

— Sais-tu qui elle est ?

— C'est une pensionnaire belle comme un ange ; mais elle est là dedans, et je suis ici : tu es mon maître, et tu le seras aussi longtemps que tu le voudras.

Charmé de pouvoir la laisser dans l'erreur, je lui jure que je l'aimerai toujours, mais pendant notre colloque s'étant laissée glisser en bas du lit, je la priai de se recoucher ; mais elle me dit qu'au contraire je devais me lever pour pouvoir bien dîner, car elle voulait me servir un repas délicat à la vénitienne.

— Qui l'a fait ? lui dis-je.

— Moi, et j'y ai mis tout mon talent depuis cinq heures que je suis levée.

— Quelle heure est-il donc ?

— Il est une heure passée.

Cette intéressante fille m'étonnait. Ce n'était plus ma timide Tonine de la veille : elle avait cet air triomphant que donne le bonheur et cette satisfaction que l'amour heureux répand sur les traits d'une jeune beauté. Je ne comprenais pas comment j'avais pu ne pas rendre hommage à ses charmes la première fois que je l'avais vue chez sa mère. Mais alors j'aimais trop vivement C. C., j'étais trop affligé, et Tonine n'était pas encore formée. Je me levai, et me faisant servir une tasse de café, je la priai de suspendre le dîner d'une couple d'heures.

Je trouvai la lettre de M. M. tendre, mais moins intéressante que la veille. Je me mis à lui répondre, et je restais comme confondu en m'apercevant que, pour la première fois, cette besogne me semblait pénible. Cependant mon court voyage à Venise me fournit un verbiage de quatre pages.

Je fis un dîner délicieux avec ma charmante Tonine. La regardant à la fois comme ma femme, comme ma maîtresse et comme ma ménagère, je jouissais de me voir heureux à si bon marché.

Nous passâmes toute la journée à table, parlant de notre amour et nous en donnant des marques par mille petites prévenances, car il n'y a pas de matière plus abondante ni plus agréable quand les interlocuteurs sont juges et parties. Elle me dit avec une sincérité naïve et charmante que, sachant bien qu'elle ne pourrait me rendre amoureux d'elle parce que j'en aimais une autre, elle n'avait espéré me gagner que par une surprise, et qu'elle avait prévu ce moment lorsque je lui avais dit qu'il n'était pas nécessaire qu'elle s'habillât pour allumer la bougie. |

— Jusqu'à ce moment, ajouta-t-elle, j'ai dit à ma mère la pure vérité, mais elle ne m'a jamais crue ; dorénavant je ne lui dirai plus rien.

Tonine avait de l'esprit naturel, mais elle ne savait ni lire ni écrire. Elle était ravie de se voir devenue riche, car elle se croyait telle, sans que personne à Muran pût dire la moindre des choses au préjudice de son honneur.

Je passai avec cette charmante fille vingt-deux jours que je compte encore aujourd'hui au nombre des plus heureux de ma vie ; et ce qui me rend la vieillesse horrible, c'est qu'avec un cœur ardent je n'ai plus la force nécessaire pour me procurer un seul jour aussi heureux que ceux que je dus à cette charmante personne.

# XIII

## La filleule du comte S.

Après avoir quitté de bonne heure M. de Bragadin
et ses hôtes, je me rendis à mon logement et je fus
tout surpris de trouver le balcon de ma chambre à
coucher occupé. Une demoiselle de la plus belle taille
se lève en me voyant et avec beaucoup de grâce me
demande pardon de la liberté qu'elle avait prise. —
Je suis, me dit-elle, la statue de ce matin. Nous
n'allumons pas les flambeaux le soir pour éviter les
cousins : mais, quand vous voudrez aller vous coucher, nous fermerons et nous nous en irons. Je vous
présente ma sœur cadette : ma mère est déjà couchée. Je lui répondis que le balcon serait toujours à
son service, et qu'étant encore de bonne heure, je les
priais de me permettre de me mettre en robe de
chambre et de leur tenir compagnie. Sa conversation
était charmante ; elle me fit passer deux heures
très agréablement et ne me quitta qu'à minuit.

La jeune sœur m'alluma une bougie, elles me saluèrent et partirent en me souhaitant une bonne nuit.

J'allai me coucher l'imagination pleine de cette belle personne, et je ne pouvais me persuader qu'elle fût malade. Elle parlait avec vigueur, elle était gaie, cultivée et remplie d'esprit et d'aménité. Je ne comprenais pas par quelle fatalité, si sa maladie ne dépendait que du remède que Righellini appelait unique, elle pût n'en être pas guérie dans une ville comme Venise; car, malgré sa pâleur, elle me paraissait très digne de captiver un amant, et je lui croyais assez d'esprit pour se déterminer d'une façon ou d'une autre à prendre le remède le plus agréable qu'il soit possible à la Faculté d'ordonner.

Le lendemain je sonne pour me lever, et je vois entrer la jeune sœur, qui me dit que, n'ayant pas de domestique, elle venait pour le moment me faire ce dont j'aurais besoin. Je ne voulais pas me faire servir par mon domestique hors de la maison de M. Bragadin, parce que je me trouvais plus libre. Après m'être fait rendre quelques petits services, je lui demandai comment se portait sa sœur.

— Fort bien, me dit-elle, car les pâles couleurs ne sont pas une maladie, et elle ne se trouve incommodée que quand la respiration lui manque. Elle a fort bon appétit et elle dort aussi bien que moi.

— Qui entends-je jouer du violon ?

— C'est le maître de danse qui donne une leçon à ma sœur.

Je me hâte d'achever ma toilette pour aller la voir et je la trouve charmante, car elle était animée, quoique son vieux maître lui laissât porter ses pieds en dedans. Il ne manquait à cette jeune et belle fille que l'étincelle de Prométhée, la couleur de la vie : sa blancheur ressemblait trop à la neige, elle affligeait le regard.

Le maître de danse me pria de danser un menuet avec son élève, et j'acceptai en le priant de le jouer *larghissimo*. Il fatiguera trop la signorina, dit-il, mais elle s'empressa de lui répondre qu'elle n'était point faible et qu'elle le danserait volontiers. Elle dansa fort bien, mais à la fin elle fut obligée de se jeter sur un fauteuil. — A l'avenir, mon cher maître, dit-elle à son vieux, je ne veux danser que comme ça, car je crois que ce mouvement rapide me fera du bien.

Le maître étant sorti, je lui dis que ses leçons étaient trop courtes et que son maître lui laissait prendre de mauvaises habitudes. Je lui plaçai alors les pieds, les épaules et le bras ; je lui appris à donner la main avec grâce, à plier les genoux en mesure ; enfin je lui donnai pendant une heure une leçon en forme ; et la voyant un peu fatiguée je la priai de s'asseoir et je sortis.

En huit ou dix jours mes conversations avec la fille de mon hôtesse, conversations sur le balcon et qui généralement se prolongeaient jusqu'à minuit, et la leçon que je lui donnais tous les matins, produisirent deux effets immanquables et fort naturels : le premier, c'est que la respiration ne lui manquait plus ; et le second, c'est que je devins amoureux d'elle. Le remède naturel n'était pas encore venu, mais elle n'avait plus besoin du secours de la saignée. Righellini venait la visiter à son ordinaire ; et voyant qu'elle se portait mieux, il lui pronostiqua avant l'automne le bienfait de la nature sans lequel sa vie ne pouvait se soutenir que par artifice. Sa mère me regardait comme un ange que Dieu lui avait envoyé pour guérir sa fille, et celle-ci éprouvait une reconnaissance qui, chez les femmes n'est qu'à un pas de l'amour. Je lui avais fait congédier son vieux maître de danse, et je l'avais rendue une très jolie danseuse.

Au bout de ces dix ou douze jours, au moment où j'allais lui donner sa leçon, la respiration lui manqua tout à coup ; elle tomba entre mes bras comme morte. J'en fus effrayé ; mais sa mère qui était habituée à la voir dans cet état, envoya de suite chercher le chirurgien, et sa sœur vint la délacer. La fermeté de sa gorge, qui n'avait pas besoin de couleur pour être tout ce qu'il y avait de plus parfait, m'enchanta. Je la couvris en lui disant que le chirurgien manquerait son coup s'il la voyait ainsi découverte ; mais sentant que j'y reposais ma main avec délice, elle me repoussa doucement en me regardant d'un œil mourant qui me fit la plus grande impression.

Le chirurgien vint ; il la saigna au bras, et presque à l'instant elle revint à la vie. On lui avait tout au plus tiré quatre onces de sang, et, sa mère m'ayant dit qu'on ne lui en tirait jamais davantage, je vis que le prodige n'était pas aussi grand que Righellini le disait ; car, en la saignant ainsi deux fois par semaine, il lui tirait trois livres de sang par mois : c'était la quantité qu'elle aurait perdue d'une manière naturelle si les vaisseaux dans cette partie n'avaient pas été obstrués ; et la nature toujours attentive à se conserver, la menaçait de la mort si par un moyen artificiel on ne parvenait bien vite à rétablir l'équilibre.

Le chirurgien fut à peine sorti qu'elle me dit, à mon grand étonnement, que si je voulais attendre un moment dans la salle elle allait revenir pour danser. Elle revint effectivement, et dansa comme s'il n'avait été question de rien.

La gorge, dont deux de mes sens pouvaient rendre un sûr témoignage, avait achevé de m'enflammer. Je revins à l'entrée de la nuit, et je la trouvai dans sa chambre avec sa sœur. Elle me dit qu'elle attendait son parrain, qui, ayant été l'ami intime de son père, venait tous les soirs passer une heure avec elle depuis dix-huit ans.

— Quel âge a-t-il?

— Il a passé la cinquantaine.

— Est-il marié?

— Oui; c'est le comte S. Il m'aime comme un tendre père; il a la même affection qu'il m'a montrée dans mon enfance. Sa femme même vient quelquefois me voir et m'invite à dîner. L'automne prochain j'irai à la campagne avec elle, et j'espère que l'air qu'on y respire me fera du bien. Mon parrain sait que vous êtes chez nous, et il en est content. Il ne vous connaît pas; mais, si vous le voulez, vous ferez sa connaissance.

Ce discours me fit plaisir, car il me mit au fait de tout sans que j'eusse besoin de faire des questions indiscrètes. L'amitié de ce Grec tenait visiblement de l'amour. C'était le mari de la comtesse de S., qui m'avait conduit au couvent de Muran deux ans avant cette époque.

Je trouvai le comte fort poli. Il me remercia d'un ton de père de l'amitié que je témoignais à sa filleule, et il me pria de lui faire le plaisir d'aller dîner chez lui avec elle le lendemain, me disant qu'il aurait l'honneur de me présenter à sa femme. J'acceptai avec plaisir ; car, aimant les coups de théâtre, ma rencontre avec la comtesse m'en promettait un fort intéressant, cette invitation annonçait un galant homme, et je ravis d'aise ma belle écolière, quand, après son départ, je lui en fis l'éloge. Mon parrain, me dit-elle, est dépositaire de tous les documents nécessaires pour retirer de la maison Persico l'héritage de ma famille, qui consiste en quarante mille écus. Le quart de cette somme m'appartient et ma mère nous a promis, à ma sœur et à moi, de nous partager sa dot.

Je vis que cette fille porterait à celui qui l'épouserait quinze mille ducats courants de Venise.

Je devinai que cette jeune personne voulait m'intéresser par sa fortune et me rendre amoureux en se montrant avare de ses faveurs ; car lorsque je me permettais quelque licence, elle m'opposait des remontrances auxquelles je n'osais point répondre. Je me promis de lui faire adopter un autre système.

Le lendemain je la conduisis chez son parrain, sans la prévenir que je connaissais la comtesse. Je croyais que cette dame ferait semblant de ne pas me reconnaître ; mais je me trompais, car elle me fit le plus bel accueil et tel qu'on a coutume d'en faire à une ancienne connaissance. Cela surprit sans doute M. le comte ; mais il avait trop d'usage du monde pour montrer sa surprise. Il lui demanda cependant où elle avait fait ma connaissance, et elle en femme experte, lui répondit sans le moindre embarras que nous nous étions vus à la Mire il y avait une couple d'années. Tout fut dit, et nous passâmes la journée fort gaiement.

Vers le soir, ayant pris une gondole, je reconduisis la demoiselle chez nous ; mais voulant abréger le chemin, je me permis quelques caresses. Je fus piqué de me voir répondre par des reproches ; et cela fit que, dès qu'elle eut mis pied à terre chez elle, au lieu de débarquer je me rendis chez Tonine, où, le résident étant venu très tard, je passai presque toute la nuit. Le lendemain, m'étant levé fort tard, il n'y eut point de leçon ; et quand je voulus lui en demander excuse, elle me dit que je ne devais point me gêner. Le soir, j'eus beau être sur le balcon fort avant dans la nuit, la belle n'y vint point. Piqué de cet air d'indifférence, le lendemain je me levai de bonne heure et je sortis pour ne rentrer qu'à la nuit. Elle était sur le balcon ; mais me tenant à une respectueuse distance, je ne lui dis que des choses indifférentes. Le matin je fus éveillé par un grand bruit ; je me lève, et, ayant passé ma robe de chambre à la hâte, j'entre pour voir ce que c'était : je la trouvai mourante. Je n'eus pas besoin de feindre pour lui montrer de l'intérêt ; j'en ressentais un bien tendre. Comme nous étions au commencement de juillet, la chaleur était très forte, et ma belle malade n'était couverte que d'un mince drap de lit. Elle ne pouvait me parler que des yeux ; mais, malgré leur abattement, il y avait quelque chose de si tendre ! Je lui demande si elle a des palpitations ; et, mettant ma main sur son cœur, mes lèvres impriment sur son sein un baiser de feu. Ce fut l'étincelle électrique, car sa bouche poussa un soupir qui lui fit du bien, Elle n'avait pas la force de repousser ma main, que je pressais amoureusement sur son cœur. Enhardi, je colle mes lèvres ardentes sur sa bouche mourante, je la réchauffe de mon haleine, et ma main audacieuse descend jusqu'au sanctuaire du bonheur. Elle fait un effort pour me repousser, et son œil, à défaut de sa voix, me dit combien elle se sentait offensé. Je me retire et au même instant le chirurgien entre. La veine à peine ouverte, elle respire et, l'opération à peine achevée, elle veut se lever. Je la supplie de rester au lit, et sa mère se joint à moi ; enfin je la persuade en lui disant que je ne la quitterais pas un instant, et que je me ferais servir mon dîner auprès de son lit. Elle passe alors un corset et prie sa sœur de mettre sur elle une couverture de taffetas, car on la voyait comme à travers un voile de crêpe.

Brûlant d'amour et ayant donné mes ordres pour mon dîner, je m'assieds à son chevet ; et lui prenant la main, que je couvre de baisers, je lui dis que j'étais certain qu'elle guérirait si elle pouvait aimer. — Hélas ! dit-elle qui pourrais-je aimer, n'étant pas sûr d'être aimée ?

Je ne laisse point tomber la réponse, et animant les propos galants, je surprends un soupir et un regard amoureux. Je mets ma main sur son genou, la priant de me laisser là et lui promettant de n'exiger plus rien : mais peu à peu je touche au centre et je cherche à lui causer une sensation agréable. — Ah ! laissez-moi, me dit-elle d'un ton de sentiment et en se retirant ; c'est peut-être là la cause de ma maladie. — Non, mon amie, non, lui dis-je avec feu, cela ne saurait être. Et ma bouche arrête sur ses lèvres l'objection qu'elle allait me faire.

J'étais ravi dans mon cœur, car cette confidence me mettait sur la voie ; et je prévoyais l'instant du bonheur, me sentant certain de la guérir si le docteur ne se trompait pas sur la nature du remède. Je ménageai sa pudeur en lui épargnant des questions indiscrètes ; mais je me déclarai son amant, en lui promettant de ne rien exiger d'elle au delà de ce qu'elle croirait propre à nourrir ma tendresse.

On me servit un très bon dîner et elle y fit honneur ; ensuite me disant qu'elle était tout à fait bien, elle se leva et j'allai m'habiller pour sortir. Le soir, étant rentré de bonne heure, je la trouvai sur mon balcon. Là, assis tout près d'elle et vis-à-vis d'elle, parlant tour à tour le langage des yeux et celui des soupirs, plongeant des regards avides sur ses charmes, que la lumière de Phébé rendait encore plus intéressants, je lui communiquai l'ardeur qui me consumait, et la pressant amoureusement contre mon sein, elle me rendit heureux avec tant de feu et d'abandon, qu'il me fut facile de juger qu'elle croyait recevoir une faveur plutôt que de m'en accorder une. J'immolai la victime sans ensanglanter l'autel.

Sa sœur étant venue lui dire qu'il était tard : — Va te coucher, lui répondit-elle ; la fraîcheur me fait du bien, je veux encore en jouir. Dès que nous fûmes seuls nous nous couchâmes, comme si nous n'avions fait que cela depuis un an, et nous passâmes une nuit délicieuse, moi animé par l'amour et le désir de la guérir, elle par la volupté la plus ardente et la reconnaissance la plus tendre. Au point du jour, m'ayant embrassé avec un sentiment profond et les yeux humides de bonheur, elle se leva et alla se reposer dans son lit. J'avais besoin de repos comme elle ; et ce jour-là il ne fut pas question de leçon de danse. Malgré le feu de la jouissance et les transports dont cette charmante fille était animée, je n'oubliai pas un seul instant la prudence. Nous continuâmes à passer des nuits délicieuses pendant trois semaines de suite, et j'eus le bonheur de la voir radicalement guérie.

## XIV

## Lucie et les deux nièces d'un gentilhomme vénitien

Pendant mon séjour à Amsterdam, j'allai un jour faire visite à Rigerboos pour le remercier d'une démarche qu'il avait faite en ma faveur.

— Je suis à la veille, me dit-il, de m'embarquer pour Batavia à bord d'un navire que j'ai chargé des débris de ma fortune. Dans l'état où se trouvent mes affaires, j'ai jugé que ce parti était le plus sage. Je n'ai point assuré la cargaison, afin de ne ne pas diminuer mes bénéfices, qui doivent être considérables, si je réussis. Si je suis pris ou si je fais naufrage, je compte bien ne pas survivre à la perte du bâtiment, et dans tous les cas je ne perdrai rien.

Le pauvre Rigerboos me disait tout cela en riant, mais le désespoir était sans doute pour beaucoup dans sa résolution ; car on ne perd pas la fortune et la vie sans regrets quand on n'a pas de grands motifs de mépriser l'une ni l'autre. Ma chère Thérèse Trenti, que Rigerboos appelait toujours notre dame, n'avait pas mal contribué à sa ruine. Elle était alors à Londres, où, à ce qu'elle nous écrivait, elle faisait de bonnes affaires. Elle avait quitté le nom de Trenti pour celui de Cornelis, qui était le véritable nom de Rigerboos, comme je l'ai su depuis. Nous passâmes une heure à écrire à cette femme singulière, voulant profiter de l'occasion d'un individu qui partait pour l'Angleterre et que Ribergoos lui recommandait. Quand nous eûmes achevé, nous allâmes faire une course en traîneau sur l'Amstel, qui était pris depuis quelques jours. Ce divertissement, que les Hollandais chérissent et que l'on se procure pour un ducat à l'heure, est, à mon goût, le plus ennuyeux du monde, à moins qu'il ne s'agisse d'un voyage que l'on fait avec rapidité ; mais un voyage n'est pas un plaisir sans le but que l'on se propose d'atteindre. Après nous être gelé le visage, nous allâmes manger des huîtres avec du sillery pour nous réchauffer, et de là nous courûmes les musicos, sans aucune idée de débauche et par simple désœuvrement ; mais il paraissait écrit que toutes les fois que je préférerais quelque diversion de ce genre à l'agréable société d'Esther il m'arriverait quelque malheur.

\Je ne sais à propos de quoi Rigerboos, en entrant dans un musico, m'appela par mon nom d'une voix assez haute ; mais à l'instant même une de ces femmes que l'on trouve toujours en pareil lieu, vint se placer devant moi et me regarder fixement. Quoique la chambre fût assez mal éclairée, je reconnus la malheureuse Lucie, qu'un an auparavant j'avais rencontrée en pareil lieu sans en être reconnu. Je me retournai, faisant semblant de ne pas la connaître, car sa vue m'était importune ; mais elle m'appela d'une voix triste, se rappela à ma mémoire, et me félicita de me trouver dans un état florissant, autant, me dit-elle, que je devrais m'attrister de la voir telle qu'elle était forcée de se montrer à mes yeux.

Voyant que je ne pouvais ni l'éviter ni la repousser sans cruauté, j'appelai Rigerboos en le priant de monter avec moi dans une chambre où cette fille nous amuserait du récit de son histoire.

Lucie, à proprement parler, n'était point devenue laide ; elle était affreuse, parce que, sous des traits flétris, des restes laissaient deviner qu'elle avait été belle : elle était dégoûtante. Depuis que je l'avais connue à Paséan, dix-neuf années passées dans la misère, la débauche et l'humiliation, en avaient fait l'être le plus abject, le plus avili qu'il soit possible de se figurer. Elle nous conta longuement son histoire, que, sans être grand analyste, on pourrait renfermer en six lignes.

Le coureur l'Aigle l'avait menée à Trieste pour y faire ses couches, ensuite, ce mauvais sujet vécut du trafic de ses charmes pendant cinq ou six mois, puis un capitaine de navire qui en faisait ses délices la mena à Xantes avec l'Aigle, qui passait pour son mari. A Xantes, le coureur se fit soldat et déserta quatre ans après. Demeurée seule, elle continua pendant six ans à vivre de sa personne ; mais sa marchandise baissant de prix et ne trouvant plus que des chalands subalternes, elle partit pour l'Angleterre avec une jeune Grecque qu'un officier de marine anglaise traitait comme sa femme, et qu'il abandonna dans les rues de Londres quand il en fut rassasié. Après deux ou trois ans de séjour dans les cloaques britanniques, Lucie vint en Hollande, où ne pouvant plus trafiquer d'elle-même, elle se fit pourvoyeuse : résultat nécessaire de la carrière où le sort l'avait précipitée. Lucie n'avait que trente-trois ans, mais elle était décrépite, et les femmes ont toujours l'âge qu'elles montrent.

Pendant qu'elle causait dans le ton qui convenait à un pareil récit, elle vida deux bouteilles de bourgogne que j'avais fait venir, et auxquelles nous ne touchâmes point, mon ami et moi. En achevant, elle nous dit qu'elle vivait en ce moment du produit de deux jolies personnes qu'elle tenait chez elle et qui devaient lui donner la moitié de tout ce qu'elles recevaient.

Rigerboos lui demanda en plaisantant si ces belles filles étaient au musico.

— Non, lui répondit-elle, elles n'y sont pas et n'y viendront jamais, car elles sont nobles, et leur oncle, sous l'inspection de qui elles sont, est un gentilhomme vénitien.

A ces mots, je ne pus retenir un éclat de rire : mais Lucie, sans se déconcerter, me dit qu'elle ne pouvait me répéter ce qu'elles lui avaient dit, et ajouta que si nous voulions nous en convaincre, nous les trouverions à cinquante. pas dans une maison qu'elle louait pour elles, et que nous pourrions les voir en sûreté, parce que leur oncle logeait dans un autre quartier de la ville.

— Comment ! lui dis-je, il ne demeure pas avec ses nobles nièces ?

— Non, il ne vient que pour dîner, et alors il s'informe de leurs bonnes fortunes, et leur prend tout ce qu'elles ont gagné.

— Allons, dit Rigerboos, allons les voir.

Comme j'avais grande envie de voir et de parler à de nobles vénitiennes en si belle profession, je dis à Lucie de nous conduire chez elles. Je savais fort bien que ces prétendues filles de condition ne pouvaient être que des friponnes, et leur gentilhomme d'oncle qu'un gredin ; mais le sort en était jeté.

Nous trouvons deux jeunes filles assez jolies. Lucie m'annonce comme Vénitien, et les voilà hors d'elles-mêmes et tout enchantées de voir quelqu'un à qui pouvoir parler. Je m'aperçus tout de suite qu'au lieu d'être Vénitiennes elles étaient du Padouan, dont elles me débitaient le jargon qui était bien connu. Je le leur dis, et elles en convinrent. Je leur demandai le nom de leur oncle ; mais, comme je m'y attendais, elles me dirent que des raisons majeures les forçaient au silence. Nous pouvons nous passer de le connaître, dit Rigerboos en s'emparant cavalièrement de celle qui lui convenait le mieux. Lucie faisait venir du jambon, des huîtres, un pâté et force bouteilles, puis elle se retira dans sa chambre.

Je n'avais aucune envie de faire des folies ; mais Rigerboos était en humeur de rire ; sa belle, faisant la prude, il la plaisante, je l'imite, et, selon l'usage, ces créatures s'humanisant, nous allons de l'une à l'autre, et bientôt elles se trouvèrent dans l'état où Dieu avait mis Eve avant que notre curieuse d'aïeule eut besoin d'une feuille de figuier.

Après avoir passé une heure dans ces lubriques ébats, nous payâmes, chacune des filles ayant quatre ducats, outre la dépense, et après avoir remis, à l'écart, six louis à Lucie, nous partîmes, moi de fort mauvaise humeur d'avoir cédé à la brutalité, et j'allai me coucher.

Deux ou trois jours plus tard, étant chez moi, le matin d'assez bonne heure, on m'annonça un homme se disant officier, mais dont le nom m'était parfaitement inconnu. Je lui fis dire que je n'étais pas visible, et mon Espagnol étant sorti je fermai ma porte à la clef. Tout ce qui m'était arrivé naguère m'avait rendu soupçonneux, et je ne voulais plus voir personne quand j'étais seul. Mes deux voleurs avaient déjoué toutes les démarches de la police et Piccolomini avait disparu ; mais je savais qu'il restait encore à Amsterdam bon nombre de mauvais sujets de leur clique, et je croyais les précautions nécessaires.

Quelques temps après, Le Duc rentra et me remit une lettre écrite en mauvais italien, et me dit qu'elle lui avait été remise par un officier qui en attendait la réponse. Je l'ouvre et je reconnais le nom que l'on m'avait annoncé un peu auparavant. Il me disait que nous nous connaissions, mais qu'il ne pouvait me dire son nom que de vive voix, et qu'il ne venait que pour me donner un avis important.

Je dis à Le Duc de le faire entrer et de se tenir auprès de la porte. Je vois un homme d'une quarantaine d'années, d'une assez belle stature, vêtu d'un uniforme d'officier de je ne sais quelle armée, et portant sur les traits tous les signes d'un échappé de la potence.

— Que me voulez-vous, monsieur ? lui dis-je dès qu'il fut dans la chambre.

— Monsieur, nous nous sommes connus à Cerigo il y a seize ou dix-sept ans, et je suis bien aise de trouver l'occasion de renouveler connaissance.

Je me ressouvins alors que je n'avais été à Cerigo que quelques instants, lorsque j'accompagnais le baile à Constantinople, et je jugeai que ce devait être l'un des deux malheureux auxquels j'avais fait l'au-

— mône. Est-ce vous, lui demandai-je, qui m'avez dit être le fils d'un comte Peccini de Padoue, quoiqu'il n'y ait dans le Padouan aucun comte de ce nom ?

— J'admire votre excellente mémoire, me dit-il avec assurance, c'est bien moi.

— Et que pouvez-vous me vouloir ici ?

— Je ne puis pas vous le dire en présence de votre domestique.

— Mon domestique ne parle pas italien ; vous pouvez parler. Au reste, je vais le faire sortir.

Je dis à Le Duc de se tenir dans l'antichambre, et, quand il fut sorti, le soi-disant comte Padouan me dit que j'avais été chez ses nièces, que je les avais traitées en courtisanes, et que partant il venait me demander satisfaction.

Las de tracasseries, je cours saisir mes pistolets, et en lui en présentant le bout je lui ordonne de sortir à l'instant. Le Duc entre, et le troisième voleur s'esquive en me disant qu'il saurait bien me trouver quelque part.

La partie était honteuse ; j'aurais dû conter l'affaire tout entière au président de la police, si j'avais voulu en avoir justice. Je crus de mon honneur de garder le silence, et je ne parlai de cette incartade qu'à Rigerboos, m'en rapportant à lui. En effet, n'ayant pas comme moi des mesures à garder, il fit des démarches, et Lucie reçut injonction de renvoyer les prétendues nièces de condition. Mais cette pauvre diablesse vint tout en pleurs me dire que ce malheur la replongeait dans la plus affreuse misère ; je lui fis présent de quelques ducats et elle partit consolée. Je la priai de ne plus reparaître chez moi.

# XV

## Madame Zeroli

*Pendant un bref séjour à Aix, Casanova se trouve en but aux instances de M^me Zeroli.*

Au moment où j'allais me coucher, Désarmoises vint me prier de lui prêter douze louis. Je m'étais attendu à quelque chose de pareil, et je les lui comptai. Il m'embrassa avec reconnaissance et me dit que M^me Zeroli s'était engagée à me faire rester au moins un jour de plus. Je souris en appelant Le Duc, à qui je demandai si le voiturier était prévenu : il me répondit qu'à cinq heures il serait à la porte. — C'est bon, dit Désarmoises, mais je gagerais que vous ne partirez pas.

Il sortit et je me couchai en me moquant du pronostic.

Le matin à cinq heures, voilà le voiturier qui vient m'annoncer que, l'un de ses chevaux étant malade, il lui était impossible de se mettre en route. Je vis que Désarmoises avait deviné quelque machination, mais je ne fis qu'en rire. Je chasse rudement le voiturier, et j'envoie Le Duc demander des chevaux de poste à l'auberge. L'aubergiste vint, me dit qu'il n'avait point de chevaux, et que, pour en trouver, il avait besoin de toute la matinée, parce que le marquis de Prié, ayant voulu partir à une heure après minuit, avait vidé son écurie. Je lui dis qu'ainsi je dînerais à Aix, mais que je comptais sur sa parole pour pouvoir partir à deux heures.

En sortant de ma chambre, j'allai à l'écurie et je vis le voiturier pleurant auprès de l'un de ses chevaux étendu sur la litière. Je crus l'accident naturel ; je consolai le pauvre diable et je le payai comme s'il avait achevé sa course en lui disant que je n'avais plus besoin de lui. Je retournai à l'auberge ; et, m'étant fait indiquer la chambre de M<sup>me</sup> Zeroli, j'y entrai sans façon en lui disant que son mari m'avait envoyé pour l'obliger à se lever.

— Je vous croyais parti.

— Je partirai à deux heures.

Je trouvai cette jeune femme bien plus ragoûtante au lit qu'à table. Je l'aidai à mettre son corset, et la vue de ses charmes m'enflamma ; mais elle opposa plus de résistance que je n'en aurais attendu. Je m'assis sur le pied du lit ; je lui parlai de l'ardeur qu'elle m'avait inspiré, du malheur que j'éprouvais de ne pouvoir, avant mon départ, lui donner des marques certaines de mon amour.

— Mais, me dit-elle en riant, il ne tient qu'à vous de rester.

— Encouragez-moi à espérer vos faveurs ; et je diffère mon départ jusqu'à demain.

— Vous êtes trop pressé ; je vous prie de vous tenir tranquille.

Assez content du peu qu'elle me permit, tout en faisant semblant, comme c'est l'usage, de ne céder qu'à la violence, je fus obligé de rappeler le calme à l'apparition du mari, qui avant d'entrer, avait eu la précaution de faire assez de bruit pour être entendu. En le voyant, sa femme lui dit de l'air le moins embarrassé :

— J'ai persuadé à monsieur de rester ici jusqu'après-demain.

— J'en suis ravi, ma chère, répondit le chevalier, d'autant plus que je lui dois une revanche.

En disant cela il prend les cartes qui se trouvèrent sous sa main, comme si elles y eussent été placées à dessein, et, s'asseyant au côté opposé de sa femme, qu'il fit servir de table de jeu, il se mit à tailler.

Je ne pouvais pas reculer, et, toujours distrait, je perdis jusqu'à ce qu'on vînt nous avertir que le dîner était servi.

— Je n'ai pas le temps de m'habiller, dit la belle, je dînerai dans mon lit, si vous voulez, messieurs, me tenir compagnie.

Comment refuser ? Le mari sortit pour aller commander le repas, et moi, autorisé par la nouvelle perte d'une vingtaine de louis, je dis à la friponne que si elle ne me promettait pas positivement de me rendre heureux dans l'après-midi je partirais de suite après dîner.

— Je vous attendrai à déjeuner demain matin, à neuf heures, nous serons seuls.

Là-dessus, m'ayant laissé prendre d'assez bons gages de sa promesse, je promis de rester.

Nous dînâmes près du lit et je fis dire à Le Duc que je ne partirais que le lendemain après midi, ce qui rendit rayonnants le mari et la femme. Quand nous eûmes fini, madame ayant témoigné le désir de se lever, je sortis en lui promettant de revenir pour faire tête à tête un cent de piquet. J'allai remeubler ma bourse, et je trouvai Désarmoises qui me dit :

— J'ai découvert le pot aux roses ; on a donné deux louis au voiturier pour mettre un cheval malade à la place du sien.

— Je ne puis, lui dis-je, gagner d'un côté sans perdre de l'autre. Je suis amoureux de la femme du chevalier, et je différerai mon départ jusqu'à ce que j'aie obtenu tout ce que je veux d'elle.

— Je crains que cette satisfaction ne vous coûte cher. Au reste, je suis ici pour vous.

Je le remerciai en souriant, et je revins auprès de la belle, que je quittai vers les huit heures, sous prétexte d'un grand mal de tête, après lui avoir payé une dizaine de parties que nous avions joué à un louis chacune. En partant je lui rappelai sa promesse pour le lendemain à neuf heures, et je la laissai en nombreuse compagnie.

Le lendemain matin Désarmoises me dit que toute la compagnie ne m'ayant pas vu à souper s'était évertué en conjectures pour deviner où je pouvais être. M<sup>me</sup> Zeroli avait grandement fait mon éloge, recevant en héroïne les railleries les deux autres dames, et se vantant de pouvoir me fixer à Aix aussi longtemps qu'elle y resterait. Le fait est que j'en étais devenu non pas amoureux, mais curieux, et j'aurais été fâché de quitter cet endroit sans l'avoir possédée complètement au moins une fois.

Exact au rendez-vous, j'entrai dans sa chambre à neuf heures ; je la trouvai habillée, et comme je lui en fis des reproches, elle me dit que cela devait m'être indifférent. Fâché, je prends avec elle une tasse de chocolat sans lui adresser la parole. Quand j'eus déjeuné, elle m'offrit ma revanche au piquet ; mais je la remerciai en lui disant que, de l'humeur dont elle m'avait mis, je jouerais mieux qu'elle, et que je n'aimais pas à gagner de l'argent aux dames. En prononçant ces mots, je me levai pour sortir.

— Ayez au moins la bonté de m'accompagner à la fontaine.

— Pas plus l'un que l'autre. Si vous me prenez pour un novice, vous êtes dans l'erreur, et je ne me soucie nullement de donner à croire que je suis satisfait quand je ne le suis pas. Vous pouvez vous faire accompagner à la fontaine par qui vous voudrez ; quant à moi, votre serviteur. Adieu, madame.

En disant ces mots je sortis sans faire attention à ce qu'elle me disait pour me retenir.

Ayant trouvé l'aubergiste à la porte, je lui dis que je voulais partir à trois heures sans faute. La belle, qui était à sa fenêtre, put m'entendre. J'allai droit à la fontaine, où le chevalier me demanda des nouvelles de sa femme ; je lui répondis que je l'avais laissée dans sa chambre en parfaite santé. Une demi-heure après nous la vîmes venir avec un étranger auquel M. de Saint-Maurice fit bon accueil. M^me Zeroli, comme si de rien n'était, le quitta et vint se pendre à mon bras. Je ne pouvais pas la rebuter sans m'exposer aux plus fâcheuses conséquences, mais je fus froid. Après s'être plainte de mon procédé, elle me dit qu'elle avait voulu me mettre à l'épreuve ; que si je l'aimais, je différerais encore mon départ, et que j'irais déjeuner le lendemain avec elle à huit heures. Je répondis d'un ton calme que j'y penserais.

Le lendemain je n'avais pas oublié l'aimable Zeroli, et, m'étant rendu chez elle à huit heures, je la trouvai endormie. Sa femme de chambre me pria d'entrer très doucement pour ne pas la réveiller, et, me laissant seul, elle ferma la porte sur elle. Je compris le fait, car je me rappelai à l'instant que, vingt ans auparavant, une Vénitienne dont j'avais sottement respecté le sommeil s'était moquée de moi et m'avait éconduit. J'agis donc en conséquence, et l'ayant découverte tout doucement, je me livrai avec délicatesse à ces préliminaires de l'amour qui augmentent si fort le plaisir du dénoûment. La Zeroli fit bien de son mieux pour dormir en apparence; mais, vaincue par la force du sentiment, elle se livra à mes caresses avec une ardeur qui surpassait la mienne et qui la força de rire de son stratagème. Elle me dit que son mari était parti pour Genève, où il devait lui acheter une montre à répétition, qu'il ne reviendrait que le lendemain et qu'elle pourrait passer la nuit avec moi.

— Pourquoi la nuit, ma chère quand nous avons le jour si propice? La nuit est faite pour dormir, et le jour double la jouissance, puisque sa clarté permet d'occuper tous les sens à la fois. Si vous n'attendez personne, je passerai toute la matinée avec vous.

— Soit, car personne ne viendra.

Je fus bientôt dans ses bras, et pendant quatre heures nous nous livrâmes à toutes les voluptés, nous trichant réciproquement pour mieux nous témoigner notre ardeur, et riant avec plaisir quand nous pouvions nous en convaincre. Après le dernier assaut, elle me demanda, pour prix de tendresse, de passer encore trois jours à Aix.

— Je vous promets, lui dis-je, de rester ici aussi longtemps que vous me donnerez des marques de votre amour pareilles à celles de ce matin.

— Levons-nous donc et allons dîner.

— En compagnie, ma chère? Si tu voyais tes yeux !

— Tant mieux ; on devinera, et les deux comtesses en crèveront de dépit. Je veux que personne ne puisse douter que c'est pour moi seule que tu restes à Aix.

TABLE

# TABLE

—